죄인 된 우리 인생을 구원하시는

그말씀, 그예화
하나님의
열심

박은수 목사의 다른 책:
그 말씀, 그 예화-하나님의 은혜(서울, 종려가지, 2018)
그 말씀, 그 예화-하나님께 드림(서울, 종려가지, 2018)

그말씀, 그예화
하나님의 열심

1판 인쇄일: 2019년 2월 25일
1쇄 발행일: 2019년 3월 2일

엮은이_박은수
펴낸이_한치호
펴낸곳_종려가지
등록_제311-2014000013호(2014.3.21.)
주소_서울특별시 은평구 은평로14길 9-5
전화_02)359.9657
내지 디자인_이수연
표지 디자인_이순옥
제작 어시스트_강진오
제작대행_세줄기획(02.2265.3749)
영업대행_두돌비(02.964.6993)
ISBN: 979-11-87200-60-4   03230
ⓒ2019, 종려가지

값 10,000원

이 도서의 국립중앙도서관 출판예정도서목록(CIP)은 서지정보유통지원시스템 홈페이지(http://seoji.nl.go.kr)와 국가자료종합목록시스템(http://www.nl.go.kr/kolisnet)에서 이용하실 수 있습니다. (CIP제어번호 : CIP2019006207)

죄인 된 우리 인생을 구원하시는

그 말씀, 그 예화
하나님의 열심

박은수 목사 엮음

문서사역
종려가지

추천의 글

박복수 목사(조치원 장로교회 원로)

　박은수 목사의 '말씀과 예화' 모음이 은혜로운 말씀을 담은 아름다운 책자로 탄생하게 됨을 진심으로 축하를 드립니다. 한편의 설교를 위해 성경을 찾고, 제목을 정하여 예화를 적절하게 적용하는 일은 많은 독서와 성경을 묵상하고 기도하며 성령님의 감동이 있어야 이루어지는 금자탑과 같습니다.

　지난 여러 해 동안에 '카톡'으로 귀한 말씀을 오늘의 일용할 양식의 말씀으로 보내주어 읽고 감상하고 은혜를 받았던 좋은 내용들이어서 이것을 책자로 출판하였으면 좋겠다는 생각을 했었습니다.
　하나님께서 좋은 편집인을 만나 이번에 책으로 출판하게 되어 많은 독자들에게 영혼의 귀한 양식으로 삼을 수 있게 되었으니 얼마나 감사한 일인가요.

　박은수 목사는 기도의 어머니인 김봉순 권사의 5형제 중 4남으로서 어머니의 자녀 5형제 중에서 3형제가 목회자의 길을 걷고 있습니다. 장남 박복수는 조치원장로교회에서 34년 목회하고 원로로 있고, 5남 박희수는 선교사의 사명을 받고 필리핀의 네그로스 섬에서 현지인 교회를 200여개 건축하였고, 지금도 독지가를 찾아 교회건축에 헌신을 하고 있습니다.
　모태신앙으로 성장한 박은수는 부산 수산대학을 졸업하고, 예장

(합동) 총회신학대학원을 졸업 후에 다년간 부목사로 훈련받고 개척하여 단독 목회를 하며 꿀벌연합전도 팀에 가입하여 계속적으로 지금까지 이들과 함께 오랫동안을 연합전도하는 전도의 열정을 다하는 하나님 보시기에 하나님이 기뻐하시는 목회자라고 추천하고 싶은 목회자입니다.

오늘도 기도하고 묵상하며 성도들과 목회자들에게 영의 양식을 공급하는 박은수 목사께 우리 하나님의 크신 은총과 축복이 늘 함께 하심을 기노합니다.

대한예수교장로회 조치원교회(34년 시무)원로목사
대한예수교장로회 총회신학대학원 졸업
성산효대학원 대학교 졸업 석사
미국 남가주신학대학원 졸업 목회학 박사
대한예수교장로회 동대전노회 노회장 역임
세종시경찰서 경목회 회장 역임
세종시기독교연합회 회장 역임

차례

1 성경을 만드신 하나님의 열심

- 영국이 세계 최강의 나라가 될 수 있었던 비결
- 존 워너메이커의 가장 성공적인 투자
- 14 사형수로 하여금 전도자가 되게 하시는 성경
- 질병을 치료하는 성경의 능력
- 평생 성경을 가르치기를 다짐한 존 워너메이커
- 타히티 섬의 변화를 가져온 성경
- 하나님의 사람으로 살도록 힘을 주는 성경
- 무신론자 운천 교수가 목사가 된 배경
- 20 쉼과 평안을 주는 말씀
- 삼중고(三重苦)를 극복하게 한 성경
- 이윤재 목사가 신학교에 들어가게 된 배경
- 가장 큰 기도 제목
- 록펠러가 증거 하는 사업의 성공비결
- 소망과 기쁨을 충만하게 하는 성경
- 성경을 한번은 읽었겠지요?
- 세 가지의 기적을 이루어낸 록펠러
- 매일 아침에, 성경을 한 장씩 읽으면
- 작은 열정으로 시작된 큰 일
- 30 마음을 뜨겁게 하고 눈을 열어주는 성경
- 성경을 듣다가 하나님을 만난 이승만
- 성경에 계시하신 구원의 내용
- 서혜경 스님의 개종의 동기
- 죽으면서 성경을 전해준 토마스 선교사
- 법사로 있다가 목사가 되게 하는 성경
- 남이 버린 성경을 보다가
- 윌리엄 카우퍼를 변화시킨 말씀
- 성경이 불경과 다른 네 가지 사실
- 성 어거스틴을 변화시킨 말씀
- 40 은총과 복을 받게 하는 성경
- 30년 동안의 신부직을 그만둔 이유
- 신비의 책-하나님의 말씀
- 하나님의 선물인 성경
- 하나님의 사람으로 온전케 하는
- 살았고 운동력이 있어
- 46 세세토록 있는 주의 말씀

2 예수님을 구주로 보내신 하나님의 열심

50
- 가죽옷으로 예표 된 예수님
- 영생하도록 솟아나는 영혼의 샘
- 우리의 유월절의 양이신 예수님
- 신령한 만나 되신 예수님
- 성막으로 표상된 예수님
- 기묘자가 되신 예수님
- 구원을 이루시는 하나님의 열심
- 나의 주님은 오직 예수님
- 어린 양의 조각이 세워진 경위
- 죄인을 위해서 흘리신 주님의 보혈
- 죽은 가운데서 부활하신 예수님
- 성전의 휘장으로 예표 되신 주님

60
- 십자가에 달려 돌아가신 예수님
- 장대에 달린 놋뱀으로 표상된 예수님
- 구세주냐, 심판주냐?
- 인생의 참된 행복은
- 생애에 가장 위대한 발견
- 아담으로 표상된 예수님
- 보배중의 보배이신 예수님
- 예수님의 죽으심은
- 죄의 빚을 그의 피로 다 갚아 주시는 예수님
- 인류 역사에 가장 큰 일 네 가지

70
- 예수를 깊이 생각하라
- 하나님 보좌 우편에 앉으신 예수님
- 신령한 장자권이 되시는 예수님
- 저가 채찍에 맞음으로 너희는
- 방주로 예표 된 그리스도 예수
- 죄 사함의 확신-보혈의 능력
- 우리의 대언자 되신 예수님
- 마귀의 일을 멸하기 위해서
- 예수 안에 있는 자에게만
- 사망과 음부의 열쇠를 가지신 예수님

80
- 우리를 자신의 소유로 삼으신 예수님
- 만왕의 왕이신 예수 그리스도
- 인간 역사의 기준이 되시는 예수님

3 전도하게 하시는 하나님의 열심

84　30년 동안을 더 살다 감
　　가장 중요한 일이 전도
　　전도자를 보호하시는 하나님
　　선교사는 죽어서도 말한다
　　왜 세어보지 않느냐
　　그에게는 아무도 손대지 말거라
90　당신은 이곳에 오지 마시오
　　원수들을 사랑과 복음으로
　　먼저 구하여야 할 것
　　온 천하보다도 귀한 자신의 목숨
　　주님의 은혜가 너무나 감사하여
　　내가 받은 은혜를 증거하라
　　저 병든 개만도 못하구나
　　왜 좀 더 빨리 오지 않았습니까?
　　이 고통받는 곳에 오지 않게 하소서
　　멸망치 않고 영생을 얻게 하는
100　암자가 변하여 기도원으로
　　마음을 열어주시는 주님
　　가정복음화가 자신의 사명
　　저들에게 돌리지 마옵소서
　　하나에 미쳐서 사는 인생
　　내 몸에 문둥병이 들게
　　전도를 받고 살아나서
　　전하는 자가 없으니
　　전도지 한 장의 열매
　　주님을 전도로 기쁘시게 하면
110　칼을 맞고 죽어 가면서도
　　중국의 공산당을 들어서
　　중국을 복음화 시킨 존 성
　　너는 말씀을 전파하라
　　아는 사람은 모르는 사람에게
　　항상 전도에 힘쓰라
　　영적으로 깊은 잠이 들어
　　1년간 주어진 시한부의 삶
118　불에서 끌어내어 구원하라

4 천국을 예비하신 하나님의 열심

- 120 지옥의 사자와 천사를 보는 사람들
- 오늘 네가 나와 함께 낙원에
- 도대체 천국에는 누가 오는가
- 핍박을 이길 수 있는
- 지상의 것을 천상으로 옮겨
- 크로스비의 영혼의 찬송시
- 내일 아침에 다시 만납시다
- 하늘나라 열린 문 앞에서
- 천국 복음을 전하시는 예수님
- 천사를 보는 사람들
- 130 고재봉에게도 보여준 천국
- 죽은 자가 살아남으로 입증된 천국
- 무디의 천국입성가
- 오직 예수 밖에 없다
- 지옥백성을 천국백성으로
- 예수님이 죽으셨다가 부활하신 이유
- 어떠한 재료로 세울 것인가
- 보이지 않지만 영원한 것
- 가족의 죽음에도 감사한 이유
- 분명히 존재하고 있는 천국
- 140 인간의 말로 다 나타낼 수 없는
- 심은 대로 거두게 하시는 하나님
- 하루살이와 메뚜기-우화
- 천국을 사모하는 신앙
- 영혼의 닻과 같은 천국의 소망
- 돌아갈 고향이 없는 사람들
- 하늘의 본향을 더욱 사모하라
- 열심히 일하고 오라
- 순교의 열망을 가진 어린 씨릴
- 영의 눈이 열려서 천국을 바라본다
- 150 천국에서 들었던 주님의 질문
- 더 좋은 곳으로 데려가셨기 때문에
- 주 안에서 죽는 자들은
- 주님의 얼굴을 영원토록
- 154 주님이 구원자로 오신 이유와 목적

5 지옥을 예비하신 하나님의 열심

156 3멸망의 성을 쌓는 사람들
     지옥의 자리를 채울 수 있는 방법
     성철스님의 마지막 고백
     그 피 값은 내가 네 손에서 찾으리라
160 심판과 멸망의 바다에서 구원을
     악마들이 나를 지옥으로 데려간다
     만약 지옥이 없다면
     멸망의 성인 바벨성을 쌓지 맙시다
     지옥의 고통스런 경험을
     영원한 천국과 지옥을 결정하는 것
     풀무 불과 같은 지옥
     마귀와 그 사자들을 위해 예비된 지옥
     지옥의 고통을 조금이라도 경험하면
     불로서 소금 치듯 함을 받는 곳
170 내일이면 지옥에서 깨어날 사람들
     지옥은 너무나 목마른 곳
     빠져나갈 수가 없는 곳
     가장 무서운 방-지옥
     예수님을 믿지 않는 자는
     왜 많은 사람들이 불신하는가
     나는 정말 지옥에 떨어지는구나
     사탄에게 속아서 지옥에 가는 자들
     사탄 마귀의 궁극적인 목적
     지옥에 다녀온 조지 고드킨
180 죄의 형벌을 받게 하는 곳
     지옥의 도살장으로 인도하는 마귀
     주님을 거부하고 지옥을 택한 자들
     임종 시에 지옥을 증거하다
     롤링스 박사가 예수 믿게 된 사연
     한 사람이라도 지옥에 가지 않기를
     하나님의 자녀와 마귀의 자녀들
     영원한 지옥의 불바다로
     지옥은 영원한 곳입니다
     마귀에게 잡힌 자들이 가는 곳
190 불과 유황으로 타는 못에
     지옥의 껄도리가 되지 맙시다

1

성경을 만드신 하나님의 열심

영국이 세계 최강의 나라가 될 수 있었던 비결

내가 오늘날 네 행복을 위하여 네게 명하는 여호와의 명령과 규례를 지킬 것이 아니냐. – 신 10장 13절

영국의 국왕인 윌리엄 4세가 죽는 날 밤 궁중에 있던 처녀(16세)가 이튿날 왕으로 간택을 받았습니다. 그녀가 영국의 빅토리아 여왕입니다. 그녀는 64년 동안 왕위에 있었습니다. 영국의 번영은 이 빅토리아 여왕 때 성취한 것입니다.

영국기(국기) 아래 해가 지지 않던 때도 빅토리아 여왕 때였습니다. 일찍이 인류의 역사상 빅토리아 여왕만큼 위대한 왕도 드물 것입니다.

그녀는 왕이 되었다는 소식을 듣자마자 즉시로 무릎을 꿇고 성경을 폈습니다. 잠시도 자신의 품을 떠나지 않았던 성경을 놓고서,

"주여, 내가 여왕이 되면 하나님의 말씀대로 정치를 하게 해주십시오."

라고 기도를 했다고 합니다.

빅토리아 여왕은 모든 것을 하나님의 말씀 속에서 해결했고 기도로 정치를 했습니다. 빅토리아 여왕이 제위할 때에 영국을 방문하였던 한 국왕이 물었습니다. "영국이 지금 세계 최강의 나라가 될 수 있었던 비결이 무엇입니까?"

이 물음에 빅토리아 여왕이 답하였습니다. "영국 국민들이 성경을 사랑하고 성경대로 살려고 힘쓰면서 이렇게 되었습니다." 곧 빅토리아 여왕과 영국 국민이 성경을 사랑케 되면서 영국이 최강국으로 발전하게 되었다는 것입니다.

존 워너메이커의
가장 성공적인 투자

오직 여호와의 율법을 즐거워하여 그 율법을 주야로 묵상하는 자로다
– 시 1편 2절

    14세 때 점원으로 출발하여 31세 때인 1869년 미국에서 가장 큰 백화점을 세운 기업인이 있었습니다. 백화점의 선구자 존 워너메이커입니다. 그가 사업가로서 60년을 맞아 축하하는 기념행사에서 한 기자가 그에게 질문을 던졌습니다.
    "회장님, 지금까지 투자한 것 중에서 가장 성공적인 투자는 무엇이었습니까?"
    그는 답변을 마음속에 담고 있었다는 듯이 한 치의 머뭇거림도 없이 이렇게 대답했습니다.
    "내가 11살 때 최고의 투자를 한 적이 있지요. 그때 나는 2달러 75센트를 주고 예쁜 가죽 성경 한 권을 구입했어요. 이것이 내 인생에 있어서 가장 위대한 투자였습니다. 왜냐하면 그 성경이 오늘의 나를 만들었으니까요."
    기자가 다시 물었습니다. "성경만 구입하면 성공할 수 있나요?"
    "그렇지 않습니다. 먼저 하나님을 믿고, 말씀을 실천해야지요. 하나님을 신뢰하며 즐겁고 기쁘게 일하다 보면 성공은 어느새 자신의 옆에 다가와 있게 됩니다."
    대부분의 사람들이 성경을 아는 것에 만족하며 사는 동안 워너메이커는 그의 인생의 매 순간을 성경 말씀을 실천하며 꿈을 성취하는 것으로 채워 나갔던 것입니다.

사형수로 하여금
전도자가 되게 하시는 성경

흑암과 사망의 그늘에서 인도하여 내시고 그 얽은 줄을 끊으셨도다.
- 시 107편 14절

평신도 부흥사로 불렸던 이인수 장로의 이야기입니다.

이인수 장로는 8백여 교회에서 전도집회를 인도했고, 그가 간증한 횟수는 1천8백여 회에 이른다고 하였습니다.

그는 새문안교회 장로로서 그가 친구들에게 전도에 미친 사람이라고 불리게 된 동기는 12년 5개월이란 감옥생활을 통해서였습니다.

육군사관학교, 국방대학원 교수를 지내다 5.16 당시 최고회의 의장 비서실장을 지낸 그였는데, 반정부 반혁명 죄란 죄목으로 사형선고를 언도받았습니다. 혁명 당시 "혁명공약대로 정권을 이양해야 한다."라고 주장하여 국가보안법 제1조 1항으로 사형을 언도받았던 것입니다.

마치 관속 같은 좁은 지하 3층 독방에서 책 한 권이라도 달라고 애원하는 '이' 장로에게 간수는 성경책을 건네주었습니다.

모태신앙이었고 3대째 신앙인의 가정에서 자란 그는 권력 속에서 신앙과는 먼 생활을 해 왔었습니다. 그런데 무저갱과 같은 세월 속에서 성경을 1백 번을 읽고 나니 12년 5개월 만에 출소하게 되었습니다.

그는 감옥에서 성경을 보는 동안에 그 자신의 신령한 눈이 열렸습니다. 그래서 그는 전도자로 변했던 것입니다. 그의 전도 열정은 감옥생활에서부터 시작되었습니다.

질병을 치료하는 성경의 능력

그 고통에서 구원하시되 저가 그 말씀을 보내어 저희를 고치사 위경에서 건지시는도다. – 시 107편 19절하–20절

러시아의 대문호 도스토예프스키가 반정부 활동을 했다고 하여 붙들렸습니다. 그가 시베리아의 유배 지역으로 갈 때 기차역에서 장교 부인들이 성경을 나눠줄 때 성경 한 권을 받았습니다. 그는 감옥에서 성경을 읽게 되었고, 변화되었습니다.

도스토예프스키는 간질병 환자였습니다. 자기 아버지가 처형당하는 것을 보고 충격을 받아 간질병까지 얻은 것이었지요. 그런데 그가 성경을 읽다가 간질병이 고쳐졌습니다.

그는 성경을 읽다가 예수님을 만나고 새 사람이 되었습니다. 자신의 가슴에 있던 증오와 원망, 불평이 사라졌습니다. 마음에 기쁨이 찾아왔습니다. 그리고 세계적인 작품들을 만들어 내었습니다.

서울대 출신의 유명한 작가 한 분의 경우에도 눈병으로 시력을 잃게 되었는데, 의술로 치료가 불가능한 병이었습니다. 그 당시 건성으로 교회를 다니던 그에게, '내가 시력을 완전히 잃기 전에 성경을 한 번 다 읽자.'라는 생각이 들었습니다. 그래서 성경을 읽기 시작했습니다.

"하나님, 성경을 다 읽을 때까지는 제 시력을 지켜 주세요."

라고 기도하며 성경을 읽었습니다. 그런데 놀라운 일이 벌어졌습니다. 성경을 읽는 동안에 눈이 점점 밝아지고 깨끗하게 치료된 것입니다.

평생 성경을 가르치기를 다짐한 존 워너메이커

여호와의 모든 백성 앞에서 나의 서원을 여호와께 갚으리로다.
- 시 116편 14절

미국의 존 워너메이커는 '백화점 경영의 귀재'라는 평을 받았습니다. 그는 미국의 전국에 수백 개의 백화점을 거느린 백화점 왕이었습니다. 그는 어느 날 백악관으로부터 부름을 받았습니다.

대통령은 그에게, 요청 하였습니다.

"체신부장관을 맡아주시오."

실업가로서 화려하게 성공하고 장관까지 된다는 것은 영광이었습니다.

그는 대통령으로부터 제의를 받고, 처음에는 마음으로 거절하였습니다. 정치를 한다는 것은 사실상, 주일성수에서 멀어지게 되기 때문이었습니다.

그리하여 그는 대통령에게 두 가지 조건을 제시했습니다.

"아무리 바빠도 주일에는 고향인 필라델피아로 돌아가 주일성수를 할 수 있어야 하고, 지금 맡고 있는 교회학교 교사직을 고수할 수 있게 허락해 달라."는 것이었습니다.

대통령은 그에게 그가 제시하는 조건의 이유를 물었습니다. 그러자 워너메이커는 자신의 중심을 이렇게 말했습니다.

"나는 너무 가난해서 1달러 50센트짜리 성경을 월부로 사서 읽었습니다. 그때 나는 평생 성경을 가르치는 사람이 되겠다."라고 다짐하였습니다.

타히티 섬의 변화를 가져온 성경

청년이 무엇으로 그 행실을 깨끗케 하리이까 주의 말씀을 따라 삼갈 것이니이다. – 시 119편 9절

남태평양의 타히티라고 하는 이름을 가진 섬나라의 이야기입니다.

약 200여 년 전에, 그곳이 프랑스의 죄수들을 유배시키는 무서운 감옥과 같은 섬으로서 그곳은 끊임없는 살인과 폭행 그리고 마약과 온갖 죄악들이 기승을 부렸던 곳이었다고 합니다.

그런데 어느 날 그곳에 폭동과 관련된 6명의 프랑스 죄수들이 들어오게 되었는데 그들 중에 한 명이 자기 짐을 정리하다가 낡은 성경 한 권을 발견하게 되었습니다.

그는 심심해서 그 성경을 혼자 읽다가 예수님을 만나고 하나님의 큰 은혜를 받게 되자 그 사람은 그때부터 만나는 사람들에게 성경을 읽은 내용의 이야기를 전했습니다.

그런데 놀라운 일은 그가 전하는 하나님의 말씀을 듣고 수많은 사람들이 변화가 되는데 마치 착한 천사들처럼 바뀌었습니다. 그리고 10년 후인 1810년에 그곳에는 도둑이나 강도 그리고 폭행과 감옥이 없는 아름다운 섬으로 알려졌습니다. 그곳을 방문하는 관광객들이 감탄을 하게 되는 정말 작은 천국과 같은 섬이 되었습니다.

그 섬에 사는 모든 사람들은 주일성수를 하기 위해서 애를 쓰고, 주일이 오면 교회로 가서 예배하는 복된 지역으로 바뀌게 되었습니다.

하나님의 사람으로 살도록
힘을 주는 성경

내가 모든 재물을 즐거워함같이 주의 증거의 도를 즐거워하였나이다.
- 시 119편 14절

고아의 아버지라 불리는 조지 뮬러와 성경에 관한 이여기입니다.

뮬러는 3천 명의 고아를 돌보았습니다.
한 번은 친구가 찾아와서 그에게 묻기를,
"어떤 힘이 자네에게 그토록 많은 고아를 양육하두록 만들었나?"
라고 하였습니다. 이에, 그는 즉시로, "오직 성경이네."라고 대답하였습니다.

그러면서 이렇게 고백하였습니다.

"나는 평생 성경을 백 번 통독했네. 그러나 한 번도 싫증을 느낀 적이 없었어. 읽을 때마다 새로웠고, 읽을 때마다 힘을 얻었고, 희망을 얻었다네. 지난 54년 동안 나의 신앙생활을 회고해보면 처음 예수님을 믿고 난 뒤 3년 동안은 성경을 안 읽었다네. 그때 나는 신앙인으로서의 기쁨도 사명도 은혜도 느끼지 못한 죽은 크리스천이었지. 나는 그 3년을 읽어버린 시간으로 생각하고 싶다네.

그러나 성경을 읽기 시작한 그때부터 영적 생활에 활력이 생기고, 하나님의 은혜가 무엇인가를 깨닫게 되고, 내가 해야 할 일을 찾을 수 있었다네."

성경을 읽으면 '나는 하나님의 사람' 이라고 하는 인식을 늘 새롭게 가질 수 가질 수 있으며, 하나님의 사람으로 살아가게 됩니다.

무신론자 운천 교수가
목사가 된 배경

내 눈을 열어서 주의 율법에서 놀라운 것을 보게 하소서. – 시 119편 18절

1945년 일본이 패전한 후에 일본 군국주의가 몰락되어 가는 때에 일본 동경 제국대학에 기독교인인 야나이 씨가 신임 총장이 되었습니다. 그는 취임 연설에서 이렇게 말했습니다.

"하나님께서 우주 만물을 창조하셨습니다. 오늘도 그 하나님은 살아 계셔서 인류의 역사뿐만 아니라 일본의 역사를 섭리하시고 주관하십니다!" 그러자 당시에 고분(古墳) 학계의 권위자였던 운천 교수가 "도대체 총장의 취임 연설이 마치 기독교 교회에서 하는 설교와 같은데, 저래도 되는가?"라고 불평을 토로했습니다.

이러한 불평을 들은 야나이 총장은 운천 교수를 만나서,

"교수님께서는 성경을 한 번이라도 읽어본 일이 있으십니까?"

라고 묻자, 그가 대답하기를, 읽어본 적이 없다고 했습니다. 그때, 야나이 총장은, 그에게 한 번이라도 성경을 읽고 난 다음에 자기를 비판하라고 했습니다. 이 말을 들고 운천 교수는 야나이 총장을 비판하기 위해서 성경전서를 한 권 구입했습니다.

운천 교수는 창세기에서부터 계속 읽어가다가 요한계시록에 기록된 새 하늘과 새 땅에 관한 내용까지 다 읽고는 기독교인이 되었습니다. 그리고 그는 교수직을 사임하고, 미국으로 유학을 하여 신학을 공부한 후에 훌륭한 목사가 되었다고 합니다.

쉼과 평안을 주는 말씀

나의 영혼이 눌림을 인하여 녹사오니 주의 말씀대로 나를 세우소서.
- 시 119편 28절

　미국 휴스턴 제일 감리교회의 찰스 알렌 목사에게 큰 회사의 사장이 찾아왔습니다. 이 사장은 경쟁회사와 끊임없는 보이지 않는 경쟁을 계속하는 동안 불안과 긴장으로 인해 어느 한순간도 편히 쉬지 못하다가 마침내 병에 걸리게 되었고, 주치의가 백방으로 그를 치료해 보았지만 허사였습니다.
　면담을 마친 후에 알렌 목사가 그에게 약을 지어 주며,
　"내가 이 약을 당신에게 지어 드리는데, 매일 다섯 번씩 일주일 꼬박 이 약을 먹어야 합니다. 아침에 일어나서 먼저 이 약을 먹고 아침 식사 후에, 점심식사 후에, 저녁 식사 후에, 그리고 자기 전에 이 약을 잡수세요."
　라고 처방을 해주었습니다.
　사장이 집에 가서 약을 꺼내보니 그 속에는 약은 없고, 시편 23편이 기록되어 있었습니다. 사장은 자기 인생을 고쳐 보려고 백방으로 노력했지만 허사가 되어 버렸는데, 이것이 하나님이 주신 처방이라면 한 번 해보겠다는 결단을 내렸습니다.
　그는 알렌 목사의 처방대로 꼭 그대로 해갔습니다. 그렇게 지냈더니 언제 찾아왔는지 모를 평안이 그 마음속에 찾아왔습니다. 놀라운 변화가 찾아왔습니다. 자신도 모르게 그는 푸른 초장 위에 누운 것 같은 쉼과 평안이 찾아왔습니다.

삼중고(三重苦)를 극복하게 한 성경

이 말씀은 나의 고난 중의 위로라 주의 말씀이 나를 살리셨기 때문이니이다. - 시 119편 50절

20세기의 기적으로 알려진 헬렌 켈러 여사는 독서의 양이나 사상에 있어서도 뛰어난 인물입니다. 그녀가 자신의 삼중고(볼 수도, 말할 수도, 들을 수도 없음으로 인한 고난)를 극복하고 어둠 속에서 빛을 발산하는 귀중한 인생을 살게 된 것을 감사하여 이렇게 말하고 있습니다.

"나에게 잃어버린 세계를 되찾게 한 것은 책의 힘입니다. 그중에서도 내가 가장 애독하는 것은 성경이에요. 나는 어린 소년 시절부터 언제나 용기와 기쁨을 얻기 위해 성경을 읽었어요.
나는 하도 많이 읽어서 어떤 곳은 글자(점자)가 문드러져 나갈 정도였어요. 그것은 내 손가락 끝에서 점자가 닳고 닳았기 때문이에요. 성경은 나의 전 생애의 지침이 되고 위안이 되었어요. 삼중고를 짊어진 나에게 불굴의 정신을 갖게 한 것은 성경이에요.
나는 날마다 성경을 읽을 적마다 기력을 새로 회복하고 포부를 확대해 나갔어요. 그러므로 누구든 힘을 갖고자 한다면 시간을 내어 성경을 읽고, 영을 새롭게 하여야 해요."

헬렌 켈러 여사에게 삼중고를 극복하게 한 것은 바로 하나님의 말씀인 성경이었습니다.

이윤재 목사가 신학교에 들어가게 된 배경

고난당하기 전에는 내가 그릇 행하였더니 이제는 주의 말씀을 지키나이다.
- 시 119편 67절

이윤재 목사(분당 한신교회)가 신학교에 들어가서 회자가 된 배경을 다음과 같이 간증하였습니다.

저는 예수 믿는 가정에서 태어났습니다. 그러다가 고2 때 방황을 시작했습니다. 오랫동안 교회를 떠났습니다. 하나님도 잊었습니다. 거기다 어느 날부터 몸에 병까지 생겼습니다. 그 일로 다니던 대학도 그만두었습니다. 저는 거의 폐인이 되었습니다.

한 때 잘 나가던 사람이 완전히 추락했습니다. 사람들이 싫었습니다. 사람들을 만나는 것도 싫었습니다. 그런데 그때 저를 붙잡아 준 분이 있었습니다. 대학 선배였습니다.

그 선배는 저에게 와서 성경을 펴고 늘 말씀을 전해 주었습니다. 그 때문에 저는 억지로 요한복음과 창세기를 공부했습니다. 그러던 어느 날 '내가 이렇게 살 수는 없다.' 라는 생각이 들었습니다. 그래서 '정말 예수님이 살아 계신다면 한번 의지해 보아야겠다.' 라고 생각했습니다.

그 길로, 기도원으로 들어갔습니다. 그리고 주야로 성경을 읽었습니다. 그런데 어느 날 성경을 읽는 데 온몸이 뜨거웠습니다. 마음에 기쁨이 밀려왔습니다. 그 순간에, 제 몸의 병이 나았다는 것을 경험하게 되었습니다. 그리고 그 해에, 저는 바로 신학교에 들어갔습니다.

가장 큰 기도 제목

내가 주의 법을 어찌 그리 사랑하는지요 내가 그것을 종일 묵상하나이다.
- 시 119편 97절

여수 애양원은 손양원 목사가 시무하던 교회가 있는 곳이며 나환자 수용소입니다. 그곳에 집회를 인도하러 갔던 목사님의 간증입니다.

예배 10분 전에 교회에 가보니 어떤 이는 찬송을 부르고 있었고, 어떤 이는 성경을 보고 있었습니다. 그런데 회중석 맨 앞에 앉아 있는 청년은 얼굴을 성경에 파묻은 채 잠자는 모습을 하고 있었습니다. 예배가 끝나자 담임 목사께서 앞에 앉아 있던 청년에 관해 말씀하십니다.

독실한 기독교 가정에서 태어나 대학을 다니던 그 청년은 세상에 빠져 가출을 한 후, 여기저기 전전하다 나병에 걸려 소록도로 이송되었다가 이곳으로 오게 되었다는 것입니다.

나병으로 인해 눈이 멀고 손이 다 문드러진 후에, 예수를 영접한 청년에게 가장 큰 기도 제목은 어머니께서 읽어 주시던 성경을 자신이 스스로 읽는 것이었으나 눈이 안 보이고 손은 문드러졌기에 성경을 볼 수가 없어서 입술로 점자 성경 읽는 법을 배웠습니다.

청년은 입술이 부르트도록 점자 성경을 읽었습니다. 윗입술이 벗겨지면 아랫입술로 읽고, 아랫입술마저 벗겨지면 혀끝으로 읽어 그의 성경은 피로 얼룩져 있었다고 합니다. 그러니까 목사가 설교를 했던 그 시간에 자고 있던 게 아니라 성경을 읽고 있었던 것이었습니다.

록펠러가 증거 하는 사업의 성공비결

주의 계명이 항상 나와 함께 하므로 그것이 나로 원수보다 지혜롭게 하나이다. - 시 119편 98절

　록펠러는 2,000년의 교회사에서 최고의 물질적인 복을 받은 사람입니다. 그는 늘 말하기를, "내 사업의 성공비결은 하나님께로부터 온 지혜다."라고 하였습니다.
　그는 늘 성경을 읽었고, 성경 속에서 하나님의 지혜를 얻어서 사업에 성공한 사람입니다. 그가 석유 왕이 되어 세계 최고의 부자가 될 수 있었던 것도 성경을 읽다가 영감을 받아서 된 것입니다. 그가 창세기 11장 3절의 말씀을 읽는데 이렇게 쓰여 있었습니다.
　-벽돌로 돌을 대신하며 역청으로 진흙을 대신하고.
　여기에서 역청은 영어성경에는 아스팔트로 번역이 되어 있습니다. 그런데 이 아스팔트는 원재료가 석유입니다.
　록펠러가 이 말씀을 읽을 때 영감이 번개처럼 떠올랐습니다.
　'얼마나 역청이 많았으면 역청으로 벽돌을 만들었을까? 역청이 많다면 지하에는 석유가 있을 것이다.'
　그는 즉시 스탠더드라는 석유 회사에 연락을 해서 이라크, 중동, 바벨론 일대를 조사하도록 했습니다. 조사를 한 결과, 그곳에는 엄청난 양의 석유가 매장되어 있다는 것이었습니다. 그래서 그는 그 곳의 석유채광권을 사들였고, 그것 때문에 세계 최고의 부호가 되었습니다.
　그는 부자가 되어서 그리스도의 사랑으로 이웃을 위하여 선한 일을 많이 했습니다.

소망과 기쁨을 충만하게 하는 성경

주의 말씀의 맛이 내게 어찌 그리 단지요 내 입에 꿀보다 더하니이다.
- 시 119편 103절

소록도에 이제 50을 갓 넘겨 보이시는 A라는 분이 있었습니다.

이분은 문둥병으로 인해 눈도 보이지 않고 손끝도 모두 마비되어 그 기능이 상실되었습니다. 그런데 놀라운 것은 이분이 얼마나 기도하며 노력했는지 혀로 점자로 된 책을 읽고 있었습니다. 이분은 서는 것도 못 하며 돌아눕는 것도 못 하십니다.

그야말로 혼자서 할 수 있는 것은 아무 것도 없습니다. 식사도 남의 시중을 받아야 할 수 있었습니다. 그런데 참으로 놀라운 것은 이분의 얼굴을 보면 언제나 환하게 밝더라는 겁니다. 기쁨이 가득하다 못해 넘쳐흐르더라는 겁니다.

그래서 이분이 왜 이렇게 기쁨으로 빛나게 되었는지를 사람들이 알아보았습니다. 그랬더니 그 비밀은 그의 머리맡에 놓여 있는 점자로 된 성경책 때문이었던 것이었습니다.

이분은 날마다 혀로 점자 성경을 읽었습니다. 그러한 결과 성경을 깨달았습니다. 성경을 보니 하나님이 자신을 사랑하신다고 하였습니다. 하나님이 자신의 하나님이 되셔서 영원토록 함께 하신다는 것입니다. 하나님이 멀리 계신 분이 아니라 자신의 곁에서 자신과 함께 하여 주시는 분임을 깨닫고 나서 이분은 큰 소망을 찾게 되자 기쁨이 충만하게 되었다고 했습니다.

성경을 한번은 읽었겠지요?

주의 말씀을 열므로 우둔한 자에게 비취어 깨닫게 하나이다.
– 시 119편 130절

일찍이 고대 언어학자로 세계적 권위자이던 윌슨 박사에게 어떤 대학생 두 사람이 찾아와서 '성경이 어떻게 하나님의 말씀이 될 수 있느냐'는 반대 이론을 전개하려 하였습니다.

이때, 윌슨 박사는 그러한 그들을 보고 조용히 다음과 같이 반문을 하였습니다. "그런데 당신들은 이 성경을 몇 번이나 읽어보고 그런 결론을 내렸습니까?"

두 사람의 대학생들은 서로 얼굴을 쳐다볼 뿐, 대답이 없었습니다.

윌슨 박사가 그들에게 다시 묻기를,
"그러면 한 번은 읽었겠지요?"라고 하였습니다.

그래도 그들은 대답이 없었습니다. 사실은 그들은 성경을 한 번도 읽지 못하였던 것입니다.

그때, 윌슨 박사가 말하였습니다.

"나는 40년간 매일 밤 열 시부터 새벽 두 시까지 성경을 연구하였소. 그리고 나는 이 책이 하나님의 말씀이라는 데 조금도 의심이 없소. 그러니 우선 성경을 두어 번 읽어보고 나에게 반박하러 오시지요."

두 학생은 머리를 숙인 채로, 고맙다는 한 마디를 남기고 나가버렸다고 합니다.

세 가지의 기적을 이루어낸 록펠러

누구든지 내게 들으며 날마다 내 문 곁에서 기다리며 문설주 옆에서 기다리는 자는 복이 있나니. – 잠 8장 34절

미국의 존 데이비슨 록펠러(1839~1937)는 역사적으로 가장 축복을 받고 선한 일을 많이 하여 존경받는 사람입니다.

록펠러는 다른 사람이 하지 못하는 세 가지 기적을 이루었습니다.
첫째, 역사상 가장 가난한 가정에 태어났지만 가장 부유한 자가 되었습니다.
둘째, 역사상 가장 많은 돈을 다른 사람에게 기부하였습니다.
그리고 자신이 98세까지 장수하고도 치아가 하나도 썩지 않았습니다.
그는 건강하게 살다가 운명하였습니다.

그런데 이렇게 록펠러가 존경을 받고 착한 일을 많이 하고, 부자가 되고, 역사적인 인물이 된 데는 세 가지 원인이 있다고 전기 작가들이 말하였습니다.
-그는 교회에 나가서 예배하는 것을 한 번도 빠지지 않았다.
-하나님 앞에 반드시 온전한 십일조를 드렸을 뿐 아니라 십의 구조까지 드리는 물질에 대한 신앙을 갖고 있었다.
-매일 성경을 읽었다.
오늘, 우리는 어느 정도 성경의 귀중함을 알고, 어느 정도 성경 보는 일에 정성을 쏟고 있습니까?

매일 아침에,
성경을 한 장씩 읽으면

너희는 먼저 그의 나라와 그의 의를 구하라 그리하면 이 모든 것을 너희에게 더하시리라. - 마 6장 33절

스티븐 스캇은 대학을 졸업하고 6년 동안 가는 곳마다 해고를 당했습니다. 직장을 얻으면 목이 날아가고 또 직장을 얻으면 해고를 당해 너무 좌절해서 자살하려고 생각했습니다.

어느 날, 그는 게리 스몰리 박사를 만났습니다. 그는 스캇에게 말하기를, "이 사람아 낙심하지 말고 히루에 시작하기 전에 삼언 한 장씩만 읽어라. 많이 읽으라고 안 한다. 매일 잠언 한 장씩만 읽어보라. 네 생애에 변화가 다가온다."고 하였습니다.

스캇은 게리 스몰리의 권유에 따라 매일 잠언을 한 장씩 읽으며 어제와 다른 오늘을 만들려고 말씀을 따라 노력하게 되었습니다. 그 결과, 그는 점점 하나님의 놀라운 은총과 축복이 임하여서 마케팅 사업가로 성공하여 10개 회사의 사장이 되었습니다.

그뿐 아닙니다. 그는, 『솔로몬 부자학 31장』 등 여러 권의 베스트셀러를 저술하고, 강연하는 등 다양한 활동을 하며 그가 꿈꾸던 행복과 성공을 이루었습니다.

그는 자신의 경험에 따라 강조하였습니다. "매일 아침 성경을 한 장씩 읽으면 2년 안에 똑똑하게 되고, 5년 안에 엄청난 부자가 된다."

"그의 나라와 그의 의를 먼저 구하라. 그리하면 이 모든 것을 너희에게 더하시리라."고 말씀하신 대로 하나님의 말씀을 읽고 듣고 묵상하는 것이 그의 나라와 그의 의를 구하는 제일 첫 발자국입니다.

작은 열정으로 시작된 큰 일

이는 모든 씨보다 작은 것이로되 자란 후에는 풀보다 커서 나무가 되매 공중의 새들이 와서 그 가지에 깃들이느니라. - 마 13장 32절

영국의 한 마을에, 매리 존스라는 시골 처녀가 있었습니다.

매리는 남의 집 가정부 일을 하며 푼푼이 돈을 모았습니다. 그녀가 돈을 모은 것은 한 가지 꿈을 이루기 위해서였습니다.
"저의 평생소원은 성경을 갖는 것입니다. 그것을 사기 위해 돈을 모으고 있어요."
마침내 매리는 성경을 살 만큼의 돈을 모았습니다. 그녀는 무려 40km를 달려가 성경을 구입했습니다.
매리에게 성경을 판 사람은 그녀의 순수한 신앙, 성경을 사랑하는 마음에 감동했습니다. 그래서 그 이야기를 많은 사람들에게 전했습니다.

영국의 기독교인들이 이 소식을 듣고 성경을 싼 값에 구입할 수 있는 기관 설립을 위해 모금 운동을 벌였습니다. 그 결과, 영국성서공회가 설립되었습니다.
한 소녀의 겨자씨 한 알과 같은 작은 열정이 마침내 이처럼 전 세계에 성경을 널리 보급하는 운동을 펴는 성서공회를 탄생시킨 것입니다. 그런고로 세상의 모든 위대한 일은 이처럼 겨자씨와 같은 작은 열정에서부터 시작이 됩니다.

마음을 뜨겁게 하고
눈을 열어주는 성경

저희가 서로 말하되 길에서 우리에게 말씀하시고 우리에게 성경을 풀어 주실 때에 우리 속에서 마음이 뜨겁지 아니하더냐. - 눅 24장 32절

슬픔과 절망 중에 엠마오로 내려가고 있는 제자들은 예수님이 십자가에서 못 박히시고 죽으셔서 무덤에 묻히시고 나자 예수님을 죽으신 주님으로만 알고 낙심하였기 때문입니다.

그러나 부활하신 주님께서 그러한 이들과 함께 동행해주시면서 십자가에서 죽으시고 무덤에 묻히신 예수님이 삼일 만에 그렇게 죽으신 바 된 자리에서 다시 살아나야 할 것에 대한 말씀을 집중적으로 증거해 주셨습니다.

그들이 이처럼 부활하신 주님으로부터 십자가에서 죽으신 예수님이 다시 삼일 만에 부활하셨다고 하는 말씀을 계속 들었을 때, 그들의 마음이 뜨거워지고, 그들의 눈이 열렸습니다.

그래서 그들은 자기들과 함께 동행하시며 자기들에게 성경을 풀어 주시며 부활의 주님에 대한 말씀을 증거 하시는 분이 바로 부활하신 예수님이심을 알아보게 되었습니다.

그들은 이처럼 부활하신 주님을 만남으로 인해서 부활의 신앙을 갖게 되었습니다. 그리고 이제 그들은 오직 부활하신 주님만 바라보았습니다. 두 사람은 낙심과 슬픔과 절망 중에 엠마오로 내려가던 발걸음을 돌려서 기쁨과 소망 중에 예루살렘으로 다시 힘차게 올라가게 되었습니다.

성경을 듣다가
하나님을 만난 이승만

진실로 진실로 너희에게 이르노니 죽은 자들이 하나님의 아들의 음성을 들을 때가 오나니 곧 이 때라 듣는 자는 살아나리라. – 요 5장 25절

　1875년 황해도 평산에서 가난한 선비 집안의 외아들로 태어난 이승만은 영어를 배우고 싶어 선교사들이 가르치는 배재학교에 입학하였고 여기에서 서양의 민주주의를 배우게 되었습니다.

　그래서 개혁운동에 앞장서게 되다가 1898년 개혁운동이 정부 반란 운동이라는 오해로 감옥에 갇히게 되었습니다. 그는 견딜 수 없는 고통 속에서 다른 동료 한 명과 탈출하다 붙들려서 사형 선고를 받았는데, 어느 날 몰래 들어온 신문에 자신의 사형 날자가 발표된 것을 보고 기절할 번 하였습니다.

　이제는 죽음뿐이어서 석방되는 죄수에게 부탁하여 성경을 넣어 달라고 하였습니다. 옆에 있는 간수는 손발이 묶여있는 이승만에게 성경을 읽어 주었고, 성경을 듣다가 하나님을 만난 이승만은 통곡을 하였습니다. 그는 죽음 앞에서 감옥에서 전도하기 시작하여 같은 방에 있는 죄수들이 모두 예수를 영접하게 하였습니다.

　그러던 어느 날, 더 넓은 감옥으로 옮겨지게 되자 그 방에 있는 죄수들도 모두 예수를 영접하게 되었습니다.

　그런데 어느 날 갑자기 종신형으로 감형되다가 1904년 민영환의 도움으로 7년 만에 석방이 되었습니다.

성경에 계시하신 구원의 내용

너희가 성경에서 영생을 얻는 줄 생각하고 성경을 상고하거니와 이 성경이 곧 내게 대하여 증거하는 것이로다. - 요 5장 39절

우리는 성경을 통해서 구원에 포함된 여러 가지 은혜로운 내용들을 알 수 있습니다. 그러면 성경에서 계시하고 있는 구원의 내용은 무엇일까요?

첫째로 죄의 종노릇 하는 자리에서부터 해방된 것(롬 8:1-2)입니다.
둘째로 마귀에게 종노릇 하는 자리에서 해방(골 1:13)되어 하나님의 자녀가 되고 하나님의 나라의 백성이 된 것입니다.
셋째로 죄와 허물로 죽었던 영적 생명이 살아나서 예수 안의 생명인 영생을 얻게 된 것입니다.
넷째로 우리를 구원하신 주님이 그의 영으로 우리 속에 임하셔서 우리의 몸을 그의 성전(고전 3:16)으로 삼아주시고 주님께서 우리 인생의 주인과 왕이 되어 주시는 것입니다.
다섯째로 앞으로 우리의 육신의 몸도 주님이 재림하실 때 주님의 부활하신 몸과 같은 신령하고 영광스러운 몸의 형체로 부활(빌 3:20-21)이 되고 변화가 되어 영원한 천국인 하늘의 거룩한 성 새 예루살렘에서 영원토록 주님과 함께 영생을 왕 노릇 할 수 있는 하늘의 거룩한 성 새 예루살렘의 주인공이 되게 하는 것(딤후 2:10-12)입니다.
이 외에도 구원에 포함된 은혜로운 결과를 얼마든지 많이 더 열거할 수 있습니다.

서혜경 스님의 개종의 동기

나는 부활이요 생명이니 나를 믿는 자는 죽어도 살겠고 무릇 살아서 나를 믿는 자는 영원히 죽지 아니하리니 - 요 11장 25-26절상

어느 날, 한 고등학교의 수학 선생이 인생에 회의가 생겨 스님이 되려고 절에 들어갔다가 안으로 들어가 보니까 불교계가 너무 부패된 것을 알고 더 회의가 생겼습니다. 그는 깨끗한 불교대학을 세우겠다는 꿈을 가지고 땅을 매입하게 되었는데, 그 매입 과정에서 사기꾼에 속아 감옥에 들어가게 되었습니다.

감옥에서 그는 간수에게 목탁과 불경을 넣어달라고 했는데 간수는 성경을 넣어주어서 성경을 읽는데 누가복음 7장에서 예수님이 나인성 과부의 죽은 아들을 살리는 장면을 읽게 되었습니다.

그 장면을 보고 불경에도 한 과부의 아들이 죽어서 그 죽은 아들을 안고 과부는 부처님을 찾아가 살려달라고 했지만 부처님은 '모든 사람은 죽는다.'라고 하면서 죽은 과부의 아들을 살려주지 못했던 것을 생각했습니다.

그는 그 두 장면을 비교하면서 부처는 과부의 아들을 살리지 못했는데, 예수님은 과부의 아들을 살리는 모습을 보면서 인생이 회의가 사라지는 것 같았습니다. 그래서 그때 그는 예수님을 영접하고 결국 이후에 목사님이 되어 지금은 불자들에게 예수님만이 희망이라고 열심히 복음을 전하고 있다고 합니다.

죽으면서 성경을 전해준 토마스 선교사

한 알의 밀이 땅에 떨어져 죽지 아니하면 한 알 그대로 있고 죽으면 많은 열매를 맺느니라. - 요 12장 24절

영국의 토마스 선교사는 상선 제너럴 셔먼호에 동승하여 평양의 대동강변에 도착했다가 조선의 병졸인 박춘권에게 죽임을 당했습니다 (1866년 9월 2일). 그때 그의 나이가 만 26세였습니다.

토마스 선교사를 죽인 박춘권은 이렇게 회고했습니다.

"내가 서양 사람을 죽이는 중에 한 사람을 죽인 것은 내가 지금 생각할수록 이상한 감이 들었다. 내가 그를 찌르려고 할 때에 그는 두 손을 마주 잡고 무슨 말을 한 후 붉은 베를 입힌 책을 가지고 웃으면서 받으라고 권하였다. 내가 죽이기는 하였으나 이 책을 받지 않을 수가 없어서 받아왔노라."

박춘권은 한문으로 된 성경을 박영식에게 건네주었습니다. 당시에는 종이가 귀하던 시절이라, 박영식은 한문 성경 종이를 떼어서 도배를 했다가 최치량이라는 사람에게 이 집을 팔았습니다. 최치량은 이 집을 개조하여 여관을 운영했습니다. 이후에, 사무엘 마펫 선교사가 이집을 매입하여 널다리골 교회를 세웠습니다.

이 교회는 나중에 이름을 바꾸어 장대현교회가 되었는데 1907년 길선주 목사님이 대부흥운동을 일으켰던 그 유명한 교회입니다. 박춘권과 최치량은 예수님을 영접하였고, 후에 두 사람은 장대현 교회의 장로가 되었습니다.

법사로 있다가
목사가 되게 하는 성경

예수께서 가라사대 내가 곧 길이요 진리요 생명이니 나로 말미암지 않고는 아버지께로 올 자가 없느니라. – 요 14장 6절

이명식 목사님는 목사가 되기 전에 불교계에 몸을 담고 있었던 승려로서 그는 14년 동안 절에 있으면서 법사로서 총무 일도 보며 절에 오는 신도들을 대상으로 불교교리를 가르치던 사람이었습니다.

어느 날, 두 여대생이 절에 올라와 법상 앞의 탑을 돌면서 다음과 같이 하는 말을 들었습니다.
"교회 다니는 친구의 권유로 교회에 나가게 되었는데 설교하는 목사가 불교의 허구성을 폭로하고 교리를 비판하면서 불교는 고행 및 수양이나 하고 도를 닦는 일종의 철학사상에 불과하여 구원도 없고 내세도 없을 뿐만 아니라 종교도 아니래."
그는 이 말을 듣고 자기가 기독교를 공격하고 반박하여 불교를 지키겠다고 하는 결심을 하고 큰 스님의 재가를 얻어 절에서 성경을 읽기 시작하였습니다.
그런데, 하루에 서너 시간, 잠자는 것 외에는 열심히 성경을 탐독하다가 70번을 꼬박 읽고 나니 그는 자신도 모르는 사이에 예수님을 자신의 구주로 영접하게 되었습니다. 그리고는 절에서 뛰어나와 신학교에 들어가서 목사가 되었습니다.
그는 성경을 보다가 예수님을 믿고 길이요 진리요 생명 되신 주님을 자신의 구주로 영접하여 구원함을 받았기 때문입니다.

남이 버린 성경을 보다가

그중에 믿는 사람이 많고 또 헬라의 귀부인과 남자가 적지 아니하나
- 행 17장 12절

어느 선교사가 소련을 여행하면서 전도를 하다가 어느 날, 열차 안에서 어떤 무신론자와 열띤 토론을 하면서 복음을 전했습니다. 그리고 성경을 전해 주었더니 그 사람은 그 성경을 차창 밖으로 휙 내던져 버렸습니다. 선교사는 그 사람에게 복음을 전하는 것을 포기할 수밖에 없었습니다.

그런데 얼마 후, 이 선교사가 묵고 있는 여관으로 낯선 사람 하나가 찾아와서는 세례 받기를 청했습니다. 선교사는 그에게 어떻게 예수를 믿게 되었는지 자초지종을 물어보았더니 그가 하는 말이
"어느 날 밭에서 일을 하고 있는데, 열차가 지나가면서 무슨 물건이 내 가슴을 치면서 뚝 떨어지더군요. 주어 보니 그것은 성경책이었습니다. 저는 그 책을 가져다가 집에서 읽기 시작했습니다. 그래서 예수님을 믿게 되었는데 지금까지 세례 받기를 간절히 원했지만 그 뜻을 이루지 못했습니다. 그러다가 선교사님께서 이곳에 계시다는 소식을 듣고 달려온 것입니다."
라고 밝혔습니다.
세례 받기를 원했던 사람이 갖고 있던 성경책은 그 선교사가 어느 소련 사람에게 복음을 전하면서 건네주었을 때 그 소련 사람이 창 밖으로 내던져 버렸던 바로 그 성경책이었습니다.

윌리엄 카우퍼를 변화시킨 말씀

그리스도 예수 안에 있는 구속으로 말미암아 하나님의 은혜로 값없이 의롭다 하심을 얻은 자 되었느니라. - 롬 3장 24절

유명한 시인 윌리엄 카우퍼는 '내가 살아서 무엇을 하나?' 라고 하면서 괴로워하다가 좌절 속에 빠졌던 적이 있었습니다.

한번은 그가 창문가 의자에 앉아서 성경을 펼쳤는데 로마서 3장 25절의 말씀이 눈에 들어왔습니다.

"이 예수를 하나님이 그의 피로 인하여 믿음으로 말미암는 화목 제물로 세우셨으니 이는 하나님께서 길이 참으시는 중에 전에 지은 죄를 간과하심으로 자기의 의로우심을 나타내려 하심이니."

카우퍼는 이 말씀(롬 3:25)을 읽는 순간에 큰 감동을 받았습니다.

그는 그때의 감동을 이렇게 적었습니다.

"그것을 읽고 나는 큰 힘을 얻었다. 의의 태양 빛이 전혀 가림 없이 내게 비추어졌다. 나는 그리스도께서 용서와 완전 칭의(稱義)를 위해서 이루신 속죄를 보았다. 전능하신 하나님의 팔이 나를 붙잡아 주시지 않았다면 나는 감사와 기쁨 때문에 압도되었을 것이다. 내 눈에는 눈물이 가득했고 목이 메어 말할 수 없었다. 나는 사랑과 경의가 넘치는 채 조용한 침묵 속에서 하늘을 쳐다볼 뿐이었다."

그 날부터 그의 인생은 완전히 바뀌고 말았습니다.

성경이 불경과 다른 네 가지 사실

네 입으로 예수를 주로 시인하며 또 하나님께서 그를 죽은 자 가운데서 살리신 것을 네 마음에 믿으면 구원을 받으리라. – 롬 10장 9절

17년 간 승려 생활을 하다가 목사가 된 김진규 씨의 간증이 있습니다.

어느 날 시주하러 갔는데 한 청년이 책 한 권을 자루에 넣어 주면서, "살아 계신 하나님의 말씀이니 한번 읽어보시고 예수를 믿으시오."라고 전도하였습니다.

그는 하루 종일 바랑을 짊어지고 다니다가 절간에 돌아와서 꺼내보니 신약성경이라고 하는 책이었습니다. 불교에는 이런 전도법이 없는데 기독교는 왜 이렇게 따라다니면서 전도하는가? 여기에는 무슨 진리가 있는가? 하는 생각이 나서 다른 스님들 몰래 성경을 여섯 번이나 읽었습니다.

여섯 번을 통독하는 동안에, 그는 성경이 불경과 다른 네 가지 사실을 발견했습니다. 1) 속죄의 가르침, 2) 예수님이 무덤에서 살아나셨다는 것, 3) 예수님은 속세와 함께 하셨다는 것, 4) 예수만 믿으면 구원을 받는다고 하는 사실을 깨닫게 되었습니다.

그래서 그는 절에서 나와서 신학교를 가서 신학을 하고 목사가 되었습니다.

이러한 사실이 증거 하듯이, 하나님의 말씀의 능력은 영원한 지옥에 갈 수밖에 없는 승려를 이처럼 예수님을 믿게 해서 신학교로 가게 하고 그에게 목사님이 되게 하였습니다.

성 어거스틴을 변화시킨 말씀

낮에와 같이 단정히 행하고 방탕과 술 취하지 말며... 쟁투와 시기하지 말고
- 롬 13장 13절

　세계교회를 위해서 크게 영향을 끼쳤던 성 어거스틴은 한 때 사교에 심취했고, 잘못된 철학을 통하여 방탕하기도 했습니다. 그렇지만 결국은 예수님을 믿어서 진리를 찾으려고 애를 썼지만, 그의 생활에는 변화가 없었습니다.
　그러던 어느 날, 어거스틴은 정원 뜰로 나가서, '왜 나는 이 더러운 생활을 깨끗이 끝내지 못할까?' 라며 애통하여 부르짖으며 폭우 같은 눈물을 쏟았습니다. 그때, 갑자기 이웃집 뜰에서 아이들이 떠들며 "집어서 읽어라, 집어서 읽어라."라는 노래를 불렀습니다.

　그는 서재로 뛰어가 성경을 폈습니다.
　"낮에와 같이 단정히 행하고 방탕과 술 취하지 말며 음란과 호색하지 말며 쟁투와 시기하지 말고 오직 주 예수 그리스도로 옷 입고 정욕을 위하여 육신의 일을 도모하지 말라."
　로마서 13:13-14의 성경의 구절이었습니다.
　그 말씀이 광명한 빛으로 어거스틴의 폐부를 찔렀습니다. 그는 이 말씀을 하나님께서 자기에게 주신 말씀으로 생각하였습니다.
　그때부터 그 말씀의 능력이 오면서 그는 그처럼 벗어날 수 없었던 그 모든 방탕한 생활로부터 온전히 자유하게 되었습니다.

은총과 복을 받게 하는 성경

저희에게 당한 이런 일이 거울이 되고 또한 말세를 만난 우리의 경계로 기록하였느니라. - 고전 10장 10절

성경을 기록한 목적 중의 하나는 실패자들의 삶은 따르지 말고 성공자들의 삶을 따라 그들처럼 하나님의 은총을 받게 하려 함입니다.

미국의 제16대 대통령이었던 링컨은 8살 때 어머니를 여의게 되었습니다. 그녀는 죽으면서 링컨에게 성경 한 권을 주면서 말하였습니다.

"이 말씀대로 살아라. 엄마는 네가 1000 정보의 땅을 갖기보다는 성경책 한 권을 언제나 옆에 두고 읽는 것이 훨씬 더 기뻐, 이 엄마의 소원을 들어주겠니?"

링컨은 어머니의 유언에 따라 성경을 매일 읽었습니다. 그는 대통령이 된 후에도 어머니의 말씀대로 성경을 항상 읽고 말씀대로 살았습니다.

어린 나이(14세)에 점원으로 출발, 31세 때인 1869년 미국에서 가장 큰 백화점을 세운 기업인인 백화점의 선구자 존 워너메이커는 말년에 이런 고백을 하였습니다.

"저의 재산은 건물과 땅만 해도 대략 2백억 달러가 되지만 이 가운데서 가장 가치 있고 소중한 것은 11세의 시골 소년일 때 2달러 75센트를 주고 산 빨간 가죽의 성경입니다. 당시에 돈이 없어 할부로 구입했는데 이 성경이 가장 귀한 재산이 되었습니다. 왜냐하면 이 성경이 오늘의 저를 만들었기 때문입니다."

30년 동안의 신부직을 그만둔 이유

너희가 그 은혜를 인하여 믿음으로 말미암아 구원을 얻었나니 이것이 너희에게서 난 것이 아니요 하나님의 선물이라. – 엡 2장 8절

어느 주일 아침에, 일리노이시의 천여 명이 모이는 집회에서 한 천주교 신부가 다음과 같이 말했습니다.

"여러분, 저는 30년 동안의 신부직을 그만두려고 합니다."

사람들의 끈질긴 요청에 그는 그 이유를 설명했습니다.

"어젯밤, 내내 저는 하나님께 기도했습니다. 모든 잠이 달아났으며 저는 신약성경에서 구원이라는 것은 예수 안에서만 이루어지는 것이며 이것은 하나님의 무한한 사랑의 선물이라는 것을 읽었습니다. 저는 제방에서 무릎을 꿇고 저는 그 선물을 받았고 주시는 분을 사랑하게 되었습니다."

그 신부의 이름은 치니키였습니다. 그가 1시간 반 동안 하나님의 은총에 대하여 설교한 후에, 그는 청중들을 바라보고,

"이 선물을 받고 이 선물을 주시는 분을 사랑할 사람이 몇이나 되느냐"고 물었습니다.

그러자 약 40명을 제외한 모든 사람들이,

"이 구원의 선물을 받고 이 구원의 선물을 주시는 분을 사랑하겠다."라고 대답하였다고 하였습니다. 그리고 이것으로 장로교의 시작이 되었다고 합니다.

신비의 책-하나님의 말씀

복음을 인하여 내가 죄인과 같이 매이는 데까지 고난을 받았으나 하나님의 말씀은 매이지 아니하니라. – 딤후 2장 9절

어떤 분이 성경책의 일곱 가지 신비를 말씀했습니다.

1. 형성의 신비입니다. 성경 전체가 형성되고 집필되는 데는 수천 년이 걸렸는데 이것은 놀라운 신비가 아닐 수 없습니다.
2. 일치의 신비입니다. 성경 66권이나 되는 책이 저자도 연대도 다 다르지만 그 사상과 목표(주제)가 다 일치합니다.
3. 시대의 신비입니다. 가장 오래된 고전 문헌 중의 고전 문헌인데도 지금까지 변함없이 영향력을 발휘하고 있습니다.
4. 판매의 신비입니다. 어느 시대를 막론하고 성경은 다른 책의 추종을 불허하는 베스트셀러입니다.
5. 흥미의 신비입니다. 각계각층의 사람들이 가장 큰 흥미와 관심을 가지고 읽는 책입니다.
6. 언어의 신비입니다. 가장 교육받지 못한 사람들에 의해 기록된 책이면서 문학적으로 최고의 위치를 차지하는 책입니다.
7. 보존의 신비입니다. 성경은 가장 많은 핍박과 반대를 받아왔지만 여전히 잘 보존되어 오는 책입니다.

성경이 어째서 이런 신비의 책일까요? 한 마디로 그 이유는 성경은 하나님의 감동으로 기록(딤후 3:16)된 하나님의 말씀이기 때문입니다.

하나님의 선물인 성경

모든 성경은 하나님의 감동으로 된 것으로 교훈과 책망과 바르게 함과 의로 교육하기에 유익하니 – 딤후 3장 16절

미국의 제16대 대통령 링컨은 미국 역대 대통령 가운데 가장 훌륭한 대통령일 뿐만 아니라 세계적으로도 가장 존경받는 인물입니다.

그러나 그는 구차한 농가에서 태어나 학교 교육이라고는 1년도 못 받고 너무나 가난해서 통나무 집에서 살아야 했습니다. 게다가 여덟 살 때는 어머니까지 돌아가심으로 갖은 고생을 다해가며 자랐습니다.

그러나 그의 어머니는 세상을 떠날 때, 자기가 보던 성경을 어린 링컨에게 물려주면서,

"이것 밖에 네게 물려줄 유산이 없으니 이 책을 늘 읽고 이대로 실행하라."

라고 하였습니다. 이 유언과 성경을 받은 링컨은 평생 그 말대로 지키어 성경으로 만든 위대한 인물이 되었습니다.

그는 대통령 취임식 때에 조그마한 포켓 성경을 들어 보이며,

"내가 대통령이 된 것은 이 성경 때문이며, 나의 어머니가 나에게 준 것입니다." 라고 말했습니다.

그는 또 말하기를,

"성경은 하나님이 인간에게 주신 가장 좋은 선물입니다. 인류를 위하여 필요한 것은 다 이 가운데 있습니다."

라고 하였습니다.

하나님의 사람으로 온전케 하는

이는 하나님의 사람으로 온전케 하며 모든 선한 일을 행하기에 온전케 하려 함이니라. - 딤후 3장 17절

성도는 '나는 하나님의 사람이다.' 라는 자기 인식을 늘 갖고 있어야 합니다. 그러나 성경을 읽지 않으면 이 인식이 흐려지고 이 인식이 흐려지면 세상에 동화됩니다. 그래서 저속한 삶을 살게 됩니다.

그러나 성경을 읽으면, "나는 하나님의 사람이다."라고 하는 인식을 늘 새롭게 가질 수가 있습니다.

영국에서 고아의 아버지라 불리던 조지 뮬러는 3천 명의 고아를 돌보았습니다. 한번은 친구가 찾아와서,

"어떤 힘이 자네에게 그토록 많은 고아를 양육하도록 만들었나?"

하고 묻자 오직 성경이라고 대답하였습니다. 그러면서 이렇게 고백하였습니다.

"나는 평생 성경을 백 번 통독했네. 그러나 한 번도 싫증을 느낀 적이 없었어. 읽을 때마다 새로웠고, 읽을 때마다 힘을 얻었고 희망을 얻었다네. 지난 54년 동안 나의 신앙생활을 회고해 보면 처음 예수님을 믿고 난 뒤 3년 동안은 성경을 안 읽었다네. 그때 나는 신앙인으로서의 기쁨도 사명도 은혜도 느끼지 못한 죽은 크리스천이었지. 나는 그 3년을 읽어버린 시간으로 생각하고 싶다네. 그러나 성경을 읽기 시작한 그때부터 영적 생활에 활력이 생기고, 하나님의 은혜가 무엇인가를 깨닫게 되고, 내가 해야 할 일을 찾을 수 있었다네."

살았고 운동력이 있어

하나님의 말씀은 살았고 운동력이 있어 좌우에 날선 어떤 검보다도 예리하여 혼과 영과 및 관절과 골수를 찔러 쪼개기까지 하며 또 마음의 생각과 뜻을 감찰하나니. – 히 4장 12절

어떤 성경 주석이나 설교도 일체 없이 오직 성경 한 권을 읽는 것만으로 원시인들이 구원을 받고 새 사람이 되는 것을 아마존 강에서 선교사역을 하는 한 선교사를 통하여 들을 수 있었습니다.

미국 남부에서 있었던 일인데, 부부 두 세 사람이 함께 성경 공부를 시작했습니다. 그것은 아마추어 성경 공부입니다. 그런 단순한 공부였지만 그들은 기쁨을 발견하고 생활이 변하여서 나중에는 삼십 명의 친구들이 모여서 하게 되었습니다. 그러다가 이들이 지금은 세계를 돌아다니면서 성경 공부를 인도하고 있습니다.

이들의 역사를 통하여 수십 명의 선교사들이 배출되었고, 이들 중에서 특히 치과 의사 부부가 한 달에 4만 불씩 벌던 직업을 버리고 몇백 불의 월급을 받으면서 세계를 돌아다니며 성경을 가르치고 있다고 합니다.

어느 한 부인의 경우였습니다. 그 부인은 글을 읽을 수 없어서 하루에 오백 원의 품삯을 주며 성경을 읽어 줄 사람을 고용했는데, 읽어 주던 그 사람이 예수님을 믿어서 그 부인보다 더욱 신실하게 되었다는 이야기였습니다.

세세토록 있는 주의 말씀

풀은 마르고 꽃은 떨어지되 오직 주의 말씀은 세세토록 있도다 하였으니 너희에게 전한 복음이 곧 이 말씀이니라. - 벧전 1장 24절하-25절

불란서의 무신론 철학자인 볼테르는 "100년 후에는 지옥이 있다고 주장하는 성경은 거짓이 드러나 다 없어지고 말게 될 것"이라고 호언장담하며 무신론의 책자를 많이 출판했습니다.

그런데 그렇게 말한 그가 죽은 지 20년 후에 그의 집은 성경을 보급하고 출판하는 성서공회가 되어 성경책이 신디미처럼 쌓여 있게 되었다고 합니다. 그리고 나중에는 외국어 성경까지 출판하는 본부가 되었다는 사실입니다.

살아 계신 하나님의 말씀은 어떤 사람이 부인하거나 대적하는 것과 상관없이 영원히 살아 역사하시며 오늘날까지 전 세계로 계속해서 전파되고 있는 것입니다.

그러나 무신론을 그처럼 주장하던 그는 죽어 갈 때,

"나는 하나님과 사람에게 버림을 당하였구나, 의사여 나를 6개월만 더 살게 해주십시오. 그리하면 내 보물의 절반을 주겠소."

라고 하였습니다. 그때 의사는 그에게 6주간도 못살겠다고 말해 주었습니다. 그가 병중에서 죽음에 임박하자 극도로 고민하며 흉하게 떠는 바람에 의사가 정신을 못 차릴 정도였다고 합니다.

그리고 그가 한 최후의 말은, "나는 영원히 지옥에 가노라."라고 하는 이 한 마디의 말이었습니다.

2

예수님을 구주로 보내신 하나님의 열심

가죽옷으로 예표 된 예수님

여호와 하나님이 아담과 그 아내를 위하여 가죽옷을 지어 입히시니라.
- 창 3장 21절

가죽옷을 지으려면 동물이 희생되어야만 합니다. 창세기 3장의 기록에도 있듯이 선악과 사건으로 범죄 한 인간의 죄를 가리기 위해서 동물이 희생되었다는 것입니다. 그러므로 이는 인간의 죄를 대신하려면 누군가가 희생되어 피 흘림이 있어야만 죄 사함을 받아 깨끗함을 받을 수 있다는 것입니다.

세례 요한이 "세상 죄를 지고 가는 하나님의 어린 양이로다."(요 1:29)라고 증거 한대로 예수께서는 세상의 모든 죄인 된 인생들의 죄를 대속하기 위한 속죄의 제물인 하나님의 어린 양으로 오셨습니다. 요한은 예수님께서 장차 십자가에 대속의 제물로 희생하실 것을 증거 한 것입니다.

하나님께서 범죄 한 인간을 위해 가죽옷을 만들어 입히신 것은 장차 인류의 죄를 대신 담당하실 예수 그리스도의 희생적이요, 대속적인 죽음을 예표하는 사건이었습니다.

따라서 이제 누구든지 자기 죄를 대신하여 예수께서 십자가에 희생되셨다고 믿는 사람은 하나님 앞에서 죄 사함을 얻어 하나님과의 관계가 화목하게 됩니다.

다시 말해 예수 그리스도를 믿음으로 의롭다 함을 얻어(롬 5:9) 하나님과 화목한 관계를 가지고 살 수 있게(롬 5:10) 되었습니다.

영생하도록 솟아나는 영혼의 샘

이삭이 그 곳을 떠나 그랄 골짜기에 장막을 치고 거기 우거하며 그 아비 아브라함 때에 팠던 우물들을 다시 팠으니. - 창 26장 17-18절상

창세기 26장을 봅시다. 우리는 이삭이 무려 6번이나 우물을 팠다는 것을 알게 됩니다.(창 26:16-32) 이삭의 당시에 우물을 파는 것은 사람의 힘으로서는 무척 힘든 일이었습니다.

당시에는 지질학의 발달이나 현대처럼 좋은 지하수 개발의 기계가 없는 때였으므로 우물을 판다고 하는 것은 무척이나 어려운 일이었습니다.

그런데 여기에서 이삭이 그토록 열심히 팠던 이 우물(샘)은 영적인 의미로 예수 그리스도를 표상합니다.

"예수께서 대답하여 가라사대 네가 만일 하나님의 선물과 또 네게 물 좀 달라 하는 이가 누구인 줄 알았더면 네가 그에게 구하였을 것이요 그가 생수를 네게 주었으리라 여자가 가로되 주여 물 길을 그릇도 없고 이 우물은 깊은데 어디서 이 생수를 얻겠삽나이까….

예수께서 대답하여 가라사대 이 물을 먹는 자마다 다시 목마르려니와 내가 주는 물을 먹는 자는 영원히 목마르지 아니하리니 나의 주는 물은 그 속에서 영생하도록 솟아나는 샘물이 되리라."(요 4:10-14)

여기에서 이 수가성의 우물은 바로 영혼의 생수의 근원이 되고, 영혼의 샘이 되시는 예수 그리스도를 표상해줍니다.

우리의 유월절의 양이신 예수님

문 인방과 좌우 설주의 피를 보시면 그 문을 넘으시고 멸하는 자로 너희 집에 들어가서 너희를 치지 못하게 하실 것임이니라. - 출 12장 23절하

이스라엘 백성이 하나님께서 애굽에 내리는 열 번째 재앙인 장자가 죽어나가는 재앙 가운데서 보호를 받고, 애굽의 바로에게 종노릇 하는 생활에서 해방되어 출애굽하기 위해서는 하나님이 그들에게 명하신 대로 유월절 양을 잡아서 그들의 문 인방과 좌우 문설주에 그 양의 피를 발라야만 하였습니다.

그들이 그렇게 유월절 양의 피를 그들의 문 좌우 설주와 문 인방에 바를 때,

"여호와께서 애굽 사람들에게 재앙을 내리려고 지나가실 때에 문 인방과 좌우 문설주의 피를 보시면 여호와께서 그 문을 넘으시고 멸하는 자에게 너희 집에 들어가서 너희를 치지 못하게 하실 것임이니라."(출 12:23)

라고 하였기 때문입니다.

성경은 이 유월절의 양의 피가 우리의 유월절 양이 되신 예수님(고전 5:7)의 피를 표상한다고 하였습니다. 그러므로 유월절 양의 피 흘림과 그 피를 그들의 문 인방과 좌우 문설주에 바르므로 하나님의 재앙이 넘어갔다면, 이 세상의 끝 날에는 우리의 유월절의 양이신 예수님(고전 5:7)의 피의 공로를 '믿느냐, 믿지 않느냐?' 하는 것이 '하나님의 심판을 피하느냐, 아니냐?'의 기준이 될 것입니다.

신령한 만나 되신 예수님

이스라엘 족속이 그 이름을 만나라 하였으며 깟씨 같고도 희고 맛은 꿀 섞은 과자 같았더라. - 출 16장 31절

하나님께서는 이스라엘 백성들이 출애굽 할 때 갖고 나온 식량이 떨어진 때로부터 가나안에 들어갈 때까지 40년 동안을 그들이 굶주리지 않고 먹고 살아갈 수 있도록 일용할 양식을 주셨습니다. 그것이 바로 하늘에서부터 내려온 양식으로서 곧 만나입니다.

그들은 광야생활의 40년 동안을 바로 이 날마다 하늘에서부터 내려온 양식인 만나를 먹고 힘을 얻어서 광야생활을 버틸 수 있다가 마침내 가나안에까지 들어갈 수 있었습니다.

요한복음 6장에 보면, 예수님께서는 하늘에서부터 내려온 양식인 이 만나를 바로 생명의 떡이 되신 자신을 예표한 것이라(요 6:35)고 말씀하고 있습니다. 또한 이 만나는 영혼의 양식이 되고 있는 우리 주님의 말씀을 예표합니다.

그 이유는 우리의 육신은 만나와 같은 육신의 양식을 먹어야 사는 것처럼 우리의 영혼은 주님의 말씀으로 영적 생명이 힘을 얻고 자라나며 살아갈 수 있기 때문입니다(벧전 2:2-3).

그런고로 우리는 우리의 육신의 양식이 되는 만나도 그날을 살아가며 힘을 얻을 수 있도록 날마다 힘써 거두어야 하는 것처럼 우리의 영혼의 양식이 되는 영적인 만나도 또한 역시 날마다 힘써 거두어야 하겠습니다.

성막으로 표상된 예수님

내가 그들 중에 거할 성소를 그들을 시켜 나를 위하여 짓되 무릇 내가 네게 보이는 모양대로 장막을 짓고 기구들도 그 모양을 따라 지을지니라.
– 출 25장 8-9절

성막은 예수님에 대한 구체적인 모형이자 예표입니다.
1. 하나님의 영광이 거하시는 곳으로써 임마누엘이신 예수님을 표상합니다.
2. 하나님과 사람이 만나는 장소로서 중보자이신 예수님을 표상합니다.
3. 제사장이라는 중재자를 통해서 죄 사함을 얻을 수 있습니다. 이는 우리에게 큰 대제사장이신 예수 그리스도(히 4:14)를 표상합니다.
4. 번제단 위에서의 희생제물은 우리의 죄를 대속하시기 위해 십자가 위에서 돌아가신 예수님을 표상합니다.
5. 물두멍에서 수족을 물로 정결하게 씻음은 예수님을 의의 피로 말미암아 우리의 죄가 씻겨짐을 표상합니다.
6. 성막 안의 휘장은 십자가를 지시고 돌아가실 때 찢어진 예수님의 육체를 표상합니다.
7. 제사장이 매일 이곳에서 기도를 드리는 지성소의 분향단은 친히 중보자 되신 예수 그리스도를 표상합니다.
8. 성막의 덮개는 희생제물이신 예수님이 우리의 죄를 덮어주심을 표상합니다.
9. 성소 안에서 빛을 발하는 등잔은 빛 되신 예수님을 표상합니다.
10. 떡상은 생명의 떡으로 오신 예수님을 표상합니다.

기묘자가 되신 예수님

한 아들을 우리에게 주신 바 되었는데 그 어깨에는 정사를 메었고 그 이름은 기묘자라. - 사 9장 6절

누가 예수님에 대하여 이렇게 말하였습니다.

-예수님은 예술가에게는 아름다우시며, 설계사에게는 머릿돌이 되시고, 천문학자에게는 샛별이 되시고, 요리사에게는 생명의 떡이 되시고, 생물학자에게는 생명의 근원이 되시고, 건축가에게는 확실한 기초가 되시고, 목수에게는 망치가 되시고, 의사에게는 명의가 되시고, 교육자에게는 랍비가 되시고, 농부에게는 추수하는 자가 되시고, 정원사에게는 샤론의 장미요 골짜기의 백합화이시고, 지질학자에게는 반석이 되시고, 과수원지기에게는 포도나무가 되시고, 판사에게는 의로운 재판장이 되시며, 법학자에게는 진실한 증인이 되시고, 금방주에게는 귀중한 보석이요, 변호사에게는 천국의 대변자요, 자선사업가에는 더할 나위 없는 선물이시며, 철학자에게는 하나님의 지혜요, 화학자에게는 하나님의 힘이요, 조각가에게는 살아있는 돌이요, 학생에게는 영원한 진리요, 죄인에게는 하나님의 어린양이요, 군인에게는 대장이 되시고 음악가에게는 멜로디가 되시고, 전공(電工)에게는 빛이 되시고 목마른 자에게는 생수가 되시고, 나그네에게는 길잡이가 되신다.

예수님을 소유한 사람에게는 생명이 있고, 이 예수님을 소유하지 못한 사람은 생명이 없다고 하였습니다.

구원을 이루시는 하나님의 열심

나 주 여호와가 말하노라 내가 이제 내 거룩한 이름을 위하여 열심을 내어 야곱의 사로잡힌 자를 돌아오게 하며. - 겔 39장 25절

바울은 우리에게 권면하기를, "열심을 품고 주를 섬기라."(롬 12:11)고 하였습니다. 그가 이처럼 우리에게 자신 있게 권면할 수 있었던 것은 하나님 자신이 열심으로 우리의 죄를 사하시기 위해서 독생자이신 예수님을 십자가에 못 박혀 죽는 자리에까지 내어주셔서라도 우리의 구원을 이루시고자 역사하셨기 때문입니다.

하나님께서는 열심을 내어 야곱의 사로잡힌 자를 돌아오게 하며 이스라엘 온 족속에게 긍휼을 베풀어 주셨습니다.(겔 39:26)

이러한 하나님의 역사는 다양한 시대, 다양한 모습으로 나타났습니다. 그래서 우리가 깨닫지 못했을 때는 나의 열심으로 구원을 얻고, 나의 열심으로 생활 속에서 열매를 맺은 것 같지만 깨닫고 나면 그 배후에 하나님의 열심이 있었기 때문에 가능했다는 것을 알게 됩니다.

그렇습니다. "내가 열심을 내어 돌아오게 하며, 내가 그들을 만민 중에서 돌아오게 하고, 내가 그들을 모아 고토로 돌아오게 하고."(겔 39:25-28)라는 하나님의 말씀은 하나님의 주도적인 열심이 우리를 구원하시고, 우리에게 긍휼을 베풀어 주시겠다고 하는 약속이십니다.

나의 주님은 오직 예수님

시몬 베드로가 대답하여 가로되 주는 그리스도시요 살아 계신 하나님의 아들이시니이다. – 마 16장 16절

로마 시대의 사람들은 거리에서 두 사람이 만나게 되면 이런 인사를 서로 주고받았다고 합니다.
한 사람이 말하기를, "가이사는 주님이시다. 가이사는 주님이시다."
이렇게 인사를 하면 그를 만난 다른 사람이 화답을 해야 합니다. "맞습니다. 나의 주님은 가이사입니다. 나의 주님은 가이사입니다."

가이사는 당시에, 로마를 다스리던 로마 황제의 칭호입니다. 그러나 이때 어떤 그리스도인들은 이렇게 대답을 했다고 합니다.
상대방이 말하기를,
"가이사는 주님이십니다."라고 하면,
"아닙니다. 나의 주님은 오직, 나의 주님은 오직 예수님이십니다." 라고 대답했습니다.
그렇습니다. 이 대답 한 마디로, 그 당시에 수많은 그리스도인들이 로마의 콜로세움의 형장에서 야수의 밥과 맹수들의 먹이로 사라졌고, 또는 무사들의 노예로 일생을 팔려 가는 비극을 경험하기도 했습니다.
"나의 주님은 그리스도이십니다."라고 하는 초대 교회 크리스천들에게 있어서의 이 신앙고백은 바로 자신들의 목숨을 걸어야만 가능한 고백이었으며, 또한 그들은 목숨을 걸고 "그리스도는 나의 주님이십니다."라고 하는 대답을 하였습니다.

어린 양의 조각이 세워진 경위

인자가 온 것은 섬김을 받으려 함이 아니라 도리어 섬기려 하고 자기 목숨을 많은 사람의 대속물로 주려 함이니라. – 마 20장 28절

노르웨이에 있는 한 교회의 탑에 어린 양의 조각이 있습니다. 이 조각이 세워진 경위는 이렇습니다.

사람들이 교회를 처음 짓고 있던 어느 날 높이 세워진 디딤대 위에서 일하던 한 인부가 발을 헛디뎌서 떨어졌습니다. 가까이 있던 인부는 떨어진 동료가 틀림없이 죽었을 것이라 생각하고 급히 현장으로 가보니 뜻밖에도 떨어진 사람은 가벼운 상처만 입었을 뿐이었습니다.
알고 보니 이 인부는 마침 이곳을 지나가던 양 떼 위로 떨어져서 죄 없는 양들 몇 마리가 깔려 죽고, 대신 그 인부는 살아난 것이었습니다.

이와 비슷하게 그리스도께서 어린 양과 같이 우리의 죄를 대신하여 죽으심으로 죄인 된 우리 인간이 죄 사함을 받고 구원을 얻게 되었습니다. 곧 죄 없으신 하나님의 어린 양되신 예수 그리스도께서 죄인 된 우리 인생들을 대신하여 십자가 위에 높이 달려 죽으심으로 영원한 지옥으로 떨어져 멸망할 수밖에 없는 인간들을 구원하셨던 것입니다.
그러므로 남의 죄를 위해, 남이 받을 형벌을 대신 지고 죽음으로 죄와 그 형벌을 없이 하여 주는 대속은 세상에서 다시 또 찾아볼 수 없는 하나님의 거룩한 사랑입니다.

죄인을 위해서 흘리신 주님의 보혈

이것은 죄 사함을 얻게 하려고 많은 사람을 위하여 흘리는 바 나의 피 곧 언약의 피니라. – 마 26장 28절

성경은 피에 관한 이야기로 시작하여 피에 관한 이야기로 끝이 나고 있습니다. 성경의 첫 권인 창세기 3장 15절의 말씀을 봅시다.

"여자의 후손은 네 머리를 상하게 할 것이요, 너는 그의 발꿈치를 상하게 할 것이니라."

여기에서 상하게 한다는 것은 피를 흘리게 한다는 것입니다. 창세기 9장 4절에서, "고기를 그 생명 되는 피 채 먹지 말 것이니라."라고 했습니다.

요한계시록 7장 14절,

"이는 큰 환난에서 나오는 자들인데 어린 양의 피에 그 옷을 씻어 희게 하였느니라."

요한계시록 12장 11절,

"어린 양의 피"

그러므로 창세기에서 시작된 피 이야기는 요한계시록에까지 이처럼 계속되고 있습니다. 성경은 보혈의 책이요, 보혈은 성경 속에 가장 위대한 진리이며 핵심입니다. 그런데도 많은 사람들은 보혈을 잘 알지 못하고 보혈에 대하여 관심이 없습니다. 그러나 주님이 오신 목적은 바로 창세기 3장 사건으로 말미암아 죄인 된 우리 모든 인생들(롬 3:23)의 속죄와 구원을 위하여 자신의 그 귀중한 하나님의 어린 양의 피와 같은 보혈(벧전 1:19)을 흘려주시기 위하여 오셨습니다(막 10:45).

죽은 가운데서 부활하신 예수님

그가 여기 계시지 않고 그의 말씀하시던 대로 살아나셨느니라 와서 그의 누우셨던 곳을 보라. - 마 28장 6절

성경이 증거 하는 대로 우리 주 예수 그리스도는 우리 죄를 대속하시기 위해서 십자가에 못 박혀 죽으신지 삼일 만에 다시 부활하셨습니다. 그의 부활은 그의 빈 무덤이 증거하고 있는 역사적이고도 진실한 사실입니다.

그런고로 부활의 종교는 기독교 밖에 없습니다. 그러기에 기독교는 부활의 종교요, 생명의 종교입니다.

우리 기독교의 신앙은 그리스도 예수 안에서 하나님의 나라의 복음, 곧 천국복음으로 사람을 변화시키고 인간을 인간답게 살게 하고 고상한 가치를 깨닫게 하며 축복을 받아 살게 하고, 영과 육이 건강하게 살게 하는 진리의 복음입니다.

기독교는 이 세상에만 머무는 종교가 아니며 내세와 연결된 종교로서 사후에도 천국에서 영생을 주는 생명의 종교요, 구원의 종교입니다.

그래서 죽어도 주님의 부활하신 몸과 같이 신령하고도 영광스러운 몸으로 변화되고 부활(빌 3:20)하여

영원한 천국인 하늘의 거룩한 성 새 예루살렘(계 21:1-23)에서

영생을 주님과 함께 영원토록 왕 노릇(딤후 2:10-12)하게 하는 생명과 부활의 종교입니다.

성전의 휘장으로 예표 되신 주님

예수께서 큰 소리를 지르시고 운명하시다 이에 성소 휘장이 위로부터 아래까지 찢어져 둘이 되니라. - 막 15장 37절

구약 시대에 대제사장은 일 년에 한 번 있는 '대속죄일'이 되면 지성소에 들어가서 백성들의 죄를 속하는 속죄 예식을 거행하였습니다. 그때에 대제사장은 예수님의 피를 상징하는 짐승의 피를 가지고 지성소에 들어가서 자신과 민족을 위해서 속죄 제사를 드렸습니다.

그런데 당시의 구약 시대에는 하나님의 임재가 있는 지성소로 들어가는 길이 두꺼운 휘장으로 가려져 있었습니다. 이는 모든 성도들이 직접 하나님께로 나아갈 수 없다는 것을 보여주고 있습니다.

그러나 주님께서 우리 죄를 속하시기 위해서 십자가에서 돌아가실 때에 성전의 성소와 지성소를 가로막고 있는 이 두꺼운 휘장이 위에서부터 아래로 둘로 찢어졌습니다.(막 15:37)

이 사실은 주님께서 이처럼 주님 자기 몸으로 속죄를 완성하셨으므로 이제는 사람들이 예수님의 피의 공로를 믿는 믿음으로 하나님께 직접 나아갈 수 있는 길이 열어졌다는 것을 말해주고 있습니다.

주님께서는 이처럼 성전의 휘장으로 예표된 자신의 몸(히 10:20)을 희생 제물로 삼으셨습니다. 이로써 십자가에 달려 돌아가시고, 부활하시고, 승천하셔서 하늘의 지성소에 들어가심으로 인류의 구속(救贖)을 완성하셨습니다.

십자가에 달려 돌아가신 예수님

해골이라 하는 곳에 이르러 거기서 예수를 십자가에 못 박고 두 행악자도 그렇게 하니 하나는 우편에, 하나는 좌편에 있더라. - 눅 23장 33절

    인류 역사상 가장 무섭고, 끔찍하고, 악랄한 사형 방법이 십자가형이라고 합니다. 십자가의 형벌은 먼저 군데군데 삼각형 모양의 쇠를 붙여 놓은 가죽 채찍으로 사람을 반쯤 죽도록 때립니다. 그래서 사람이 실신하게 되면 다시 쉬었다가 어느 정도 기운을 차리게 되면 그에게 십자가를 지워 사형장으로 가게 하는 것입니다.
    예수님도 이와 같은 채찍질을 당하시고 골고다 언덕을 향해서 무거운 십자가 형틀을 지고 가셨습니다. 밤새도록 심문을 받으시고 탈진한 몸에 무거운 십자가 형틀을 지고 골고다 언덕까지 가시다가 14번이나 쓰러지셨다고 합니다.

    골고다 언덕 사형장에 이르게 되면 십자가에다가 죄수의 손과 발에 못을 박아서 세워놓게 되는 것입니다. 그러한 상황에서 처참하게 죽어 가는 것입니다.
    그것뿐만 아니라 십자가에 달린 죄수는 몸의 수분이 다 빠질 때까지 낮에는 뜨거운 햇볕을 온몸에 받아 목이 타는 고통을 겪습니다. 또 밤에는 차가운 바람이 상처 난 몸을 에이는 고통입니다.
    우리 주님께서는 우리의 죄를 대속하기 위해서 이처럼 사람이 견디기 가장 어려운 십자가의 형틀에서 돌아가셨습니다.

장대에 달린 놋뱀으로 표상된 예수님

모세가 광야에서 뱀을 든 것같이 인자도 들려야 하리니 이는 저를 믿는 자마다 영생을 얻게 하려 하심이니라. - 요 3장 14-15절

　모세시대에 하나님을 원망하고, 거역하는 죄를 범한 이스라엘 백성들이 하나님의 진노로 불뱀에게 물려 죽어갈 때, 모세가 하나님의 은혜를 구하매 하나님께서 놋뱀을 만들어 장대에 높이 매달고 그것을 쳐다보는 사람은 살게 하였습니다.
　이것은 장차 예수 그리스도가 십자가에 높이 달리셔서 피 흘려 죽으심으로 누구든지 십자가에 죽으신 예수를 믿는 자마다 구원을 얻게 하실 것에 대한 모형이었습니다.

　"모세가 광야에서 뱀을 든 것 같이 인자도 들려야 하리니 이는 그를 믿는 자마다 영생을 얻게 하려 하심이니라."(요 3:14-15)
　예수님께서 말씀하였습니다. 광야에서 이스라엘 백성들이 불뱀에게 물려 죽어가다가 장대에 높이 달린 놋뱀을 쳐다보면 살았듯이 오늘 이 시대에는 누구든지 십자가에 달리신 예수를 자신의 구주로 믿으면 영생을 얻습니다. 그러기에 그때도 장대의 놋뱀을 쳐다보지 않은 자는 죽었고, 지금도 예수를 믿지 않으면 멸망을 당합니다.
　하나님께서는 세상의 모든 죄인된 인생들의 죄를 사하시고, 멸망치 않고 구원을 받아 영생을 주시고자 예수님을 십자가에 내어 주셔서 대속의 제물이 되도록 하셨기 때문입니다.(요 3:16)

구세주냐, 심판주냐?

나는 나의 원대로 하려 하지 않고 나를 보내신 이의 원대로 하려는 고로 내 심판은 의로우니라. - 요 5장 30절하

어떤 판사가 해수욕을 갔다가 물에 빠져 죽게 된 사람을 건져주었는데 몇 년 후에 그 사람이 큰 죄를 범하고 바로 그 판사 앞에 서서 전에 살려준 것같이 살려달라고 하였습니다.

그러나 그 판사는 냉정히 말했다고 합니다.

"전에는 살려주는 사람이었으나 지금은 네 죄를 재판하는 사람이다."

예수님은 죄와 심판과 영원한 멸망 가운데 있는 죄인 된 우리를 구원하시고자 하늘나라의 영광을 버리고 육신을 입고 오셔서 죄인 된 우리 대신 십자가에 달려 피 흘려 죽어 주셨습니다. 그리고 삼일 만에 부활하여 우리의 구세주가 되셔서 누구든지 저를 믿기만 하면 멸망치 않고 구원을 받게 해 주셨습니다.

그러나 우리 죄를 위해서 십자가에 달려 돌아가셨다가 삼일 만에 다시 부활하여 우리의 구원자가 되신 우리 주님을 끝까지 불신하고 거부하면 구원을 받지 못하고, 영원한 지옥의 불 못에서 영원토록 형벌을 받는 멸망을 당하게 되는 것입니다.

그러므로 우리 죄를 위해서 죽으셨다가 부활하셔서 지금은 하나님의 보좌 우편에 앉아 계시는 우리 주님께서는 지금 그를 자신의 구주로 믿으면 구세주가 되어주시지만 아니면 심판주가 되십니다.

인생의 참된 행복은

평안을 너희에게 끼치노니 곧 나의 평안을 너희에게 주노라 내가 너희에게 주는 것은 세상이 주는 것 같지 아니하니라. – 요 14장 27절상

　　인간의 진정한 행복은 어디에 있는 것일까요? 쾌락이 행복을 제공할 수 없습니다. 쾌락주의자인 바이런은 인생의 말년을 우울하게 보냈습니다. 그는 탄식하였습니다.
　　"인생은 벌레 같은 것이야. 늙음과 슬픔 앞에서는 쾌락도 무용지물이다. 나는 지금 심히 외롭다."
　　복은 물질에 있는 것도 아닙니다.

　　미국의 백만장자 제이골드의 유언은 더욱 비극적입니다.
　　"나는 세상에서 가장 불행한 사람이다. 끊임없는 물욕이 나를 불행의 늪으로 빠뜨렸다."
　　명예가 행복을 보장해주지 않는다고 하였습니다. 세계를 정복한 알렉산더 대왕은 싸움에서 승리한 후에 막사에서, 울고 있었습니다.
　　"이제 더 이상 정복할 곳이 없단 말인가?"
　　세상의 많은 사람들이 이처럼 세상의 부귀와 권세와 명예와 쾌락을 누리며 살아보았지만 세상의 그 모든 부귀와 권세와 명예와 쾌락이 행복을 보장해 주지 않는다고 하는 것입니다. 바로 그 까닭은 사람은 하나님께서 창조하신 영적인 존재로서 하나님께 창조된 우리 인간은 오직 하나님의 아들이시며 구원자이신 예수님 안에서만 진정한 행복과 평안을 느끼는 신비로운 존재이기 때문입니다.

생애에 가장 위대한 발견

성결의 영으로는 죽은 가운데서 부활하여 능력으로 하나님의 아들로 인정되셨으니 곧 우리 주 예수 그리스도시니라. - 롬 1장 3-4절

1847년 이전까지 외과수술은 환자들에게 공포 그 자체였습니다. 그런데 이 공포에서 해방시켜준 사람이 스코틀랜드 출신의 산부인과 의사인 J. Y. 심프슨입니다. 그는 최초의 흡입 전신마취제인 클로로포름을 개발해 외과수술의 신기원을 이루었습니다.

1840년, 29세의 젊은 나이로 에든버러대학 산과학 교수로 임명된 심프슨은 클로로포름의 발견 이외에도 산과겸자(産科鉗子)를 고안하는 등 최고의 산부인과 의사로서 수많은 연구 성과를 이룩했습니다.

이러한 공로로 1866년 스코틀랜드 의사로서는 처음으로 경의 칭호와 옥스퍼드대학의 명예 법학박사 학위를 받았고 1869년 에든버러시의 명예시민이 되었습니다.

심프슨의 생애 말년에 제자들이 물었습니다.

"선생님의 생애에서 가장 위대한 발견은 무엇입니까?"

"내 생애 최고 최대의 발견은 예수 그리스도께서 불쌍한 죄인인 나를 위해 죽으시고 부활하셨다는 사실이다."

제자들은 뜻밖의 대답을 듣게 되었습니다.

바로 이 말은 그의 생애에 있어서 가장 소중한 발견은 "나는 죄인이며 예수님이 나의 구주이시다."라는 사실을 자각한 것이라고 말할 수 있습니다.

아담으로 표상된 예수님

한 분 예수 그리스도를 통하여 생명 안에서 왕노릇 하리로다.
– 롬 5장 17절하

아담과 예수 그리스도는 유사한 패턴을 가지고 있습니다. 아담의 경우를 먼저 봅시다.

"한 사람으로 말미암아 죄가 세상에 들어오고 그 결과 모든 사람이 죄를 짓게 되었으므로 사망이 모든 사람에게 이르렀다."(롬 5:12)

아담은 죄와 사망이 세상에 들어오게 하는 통로의 역할을 하였습니다. 그래서 아담은 하나님 앞에서 모든 산 자의 아비로서 모든 사람을 대표하는 대표적인 존재로서 로마서 5장 14절은 이러한 아담의 모습을 오실 자인 '예수의 표상'이라고 하였습니다.

그런데 이번에는 죄가 한 사람을 통해 들어왔듯이,

"하나님의 은혜와 의도 한 사람인 예수 그리스도로 말미암아 많은 사람에게 넘친 것"(롬 5:15)입니다. 아담과 예수 그리스도로 대조되는 한 사람의 역할은 이처럼 통로의 역할로서 모든 인간이 살아갈 삶의 정황을 이 땅에 심는 대표자의 역할입니다.

그래서 아담을 통로로 하여서는 죄가 들어와서 인간의 삶의 정황이 아담 안에서 사망이 된 반면, 예수 그리스도를 통로로 하여서는 하나님의 은혜와 의가 들어와서 그 결과 예수 그리스도 안에 있는 자들에겐 생명이 삶의 정황이 되었습니다.(롬 5:17)

보배중의 보배이신 예수님

우리가 이 보배를 질그릇에 가졌으니 이는 능력의 심히 큰 것이 하나님께 있고 우리에게 있지 아니함을 알게 하려 함이라. - **고후 4장 7절**

120 여 년 전, 미국에 헨리 콤스톡이라는 땅 부자가 살고 있었습니다.

그는 나무와 엉겅퀴가 무성한 척박한 산을 고작 1만 달러에 팔았습니다. 그러나 몇 년 후, 그 산에 놀라운 변화가 일어나서 그 산에서 미국 최대 규모의 금광이 발견된 것입니다. 매장량이 무려 5억 달러를 상회했습니다.

콤스톡은 땅을 치며 후회했습니다. 그는 자신의 잘못된 선택을 한탄하며 술로 세월을 보내다가 한 달 만에 스스로 목숨을 끊었다고 하였습니다.

그런데 예수 그리스도가 누구인지 바로 알지를 못하고 예수 그리스도를 놓친 인생들도 5억 달러짜리 금광을 1만 달러에 팔았던 콤스톡보다도 더 후회하고 가슴을 치며 지옥에서 영원토록 애통할 때가 오게 될 것입니다.

그리스도 예수 안에는 "하나님의 지혜와 지식의 모든 보화가 감추어져 있기 때문"(골 2:2-3)입니다. 그래서 예수님은 미국 최대 규모의 5억 달러짜리 금광보다 더 보배 중의 보배인 줄 믿으시기 바랍니다.

예수 그리스도로 말미암아 구원의 길을 발견하지 못하는 사람은 수천만 원짜리 진주를 자장면 한 그릇과 바꿔먹는 사람과 마찬가지로 어리석은 사람입니다.

예수님의 죽으심은

그리스도께서 하나님 곧 우리 아버지의 뜻을 따라 이 악한 세대에서 우리를 건지시려고 우리 죄를 위하여 자기 몸을 드리셨으니. – 갈 1장 4절

예수님의 죽으심은 자신의 죄 값으로가 아니라 우리 모든 죄인된 인생들의 죄 값으로 죽으셨습니다. 그러기에 예수님의 죽으심은 우리의 죄를 대속하시기 위한 속죄의 제물이 되어주시기 위한 죽으심입니다.

당시에 십자가의 사형에 해당되는 자들의 죄악은 흉악, 악질, 반역의 죄 등입니다. 그러므로 예수님이 십자가에서 처형을 당하셨다는 것은 우리의 죄악도 역시 이런 죄들에 해당된다는 것입니다.

그런데 주님께서 우리의 죄를 대속하시기 위해서 이처럼 속죄의 제물이 되어 주셨기 때문에 예수님의 그와 같은 죽으심으로 인하여 우리 모든 죄인 된 인생들에게는 하나님 앞에서 죄 사함의 은혜가 임하게 되었습니다.

곧 그리스도의 죽으심 때문에 하나님은 온 세상을 자비로 대하실 수 있게 되었습니다. 주 예수 그리스도는 이처럼 우리 죄를 대속하기 위해 십자가로 돌아가셨습니다.

그러므로 이제 우리가 바라보고 알아야 할 것은 우리 죄를 스스로 해결하려 하지 말고 주의 대속의 죽으심을 믿고 하나님 앞에서 속죄함을 얻어야 할 것입니다.

죄의 빚을 그의 피로
다 갚아 주시는 예수님

우리가 그리스도 안에서 그의 은혜의 풍성함을 따라 그의 피로 말미암아 구속 곧 죄 사함을 받았으니. – 엡 1장 7절

러시아를 통치하던 니콜라이 황제에 관한 이야기입니다.

1825년부터 1855년까지 러시아를 통치하던 니콜라이 황제는 많은 업적을 남겼습니다. 그는 친히 군대를 관리하였는데 종종 자신의 옷을 평복으로 갈아입고 진영을 살펴 직분을 태만히 하고 자리를 비운 자는 벌하고 직분을 충실히 수행한 자에게는 포상하였습니다.

하루는 어떤 장교가 처소에 앉아 자기의 빚진 것을 종이에 적어 계산해보고 있다가 그 빚이 너무 많아 자기 힘으로는 도저히 갚을 수 없음을 안 그는 탄식하며 종이 끝에, "이 산 같은 빚을 갚아줄 이가 누가 있겠는가!"

라는 말을 적어 그대로 책상에 놔두고는 잠자리에 들었습니다.

그가 자는 사이에 황제가 장교의 처소를 순찰하다가 들어와 책상 위에 놓여 있는 종이를 읽어 보고는 '니콜라이' 라고 적어 놓고 나갔습니다.

장교가 아침에 일어나 종이 위에 쓰여 있는 황제의 필적을 보고서는 놀랐지만 그날 밤에, 황제는 평복을 입고 가서 돈을 두고 나왔습니다.

우리의 죄의 빚도 이처럼 우리가 도저히 갚을 수 없는 빚인데 하나님은 그리스도이신 예수님을 보내주셔서 그의 아들 예수의 피로써 우리의 모든 죄의 빚을 대신 다 갚아주셨습니다.

인류 역사에 가장 큰 일 네 가지

세상에 일컫는 모든 이름 위에 뛰어나게 하시고 또 만물을 그 발 아래 복종하게 하시고. – 엡 1장 21절하–22절상

한 역사 신학자가 인류 역사의 가장 큰 사건 세 가지를 말하였습니다.

첫번째 사건은 하나님이 인간으로 세상에 오셨다는 것입니다. 그것이 예수 그리스도의 탄생의 사건입니다. 사실 세계는 그 사건을 가장 큰 사건으로 인정을 하므로 지금이 2018년이라고 하는 날짜 계산을 온 세상이 다 사용하고 있습니다.

두번째 사건은 하나님이 죽으셨다는 사건입니다. 그것이 예수님의 십자가 사건입니다. 이 사건도 세계가 인정을 하여 예수님이 십자가에 돌아가신 이후에 십자가는 세상에서 가장 거룩한 표시가 되어서 사람들은 이 십자가를 몸에 지니고까지 다니게 되었습니다.

세번째 사건은 죽었던 하나님이 다시 살아나셨다는 사건입니다. 이것도 온 세상이 다 인정을 하여 주님의 부활을 기념하는 부활절에는 온 세계 인류는 부활의 주님을 찬양하는 합창 소리로 지구를 진동시키고 있는 것입니다.

그런데 이제 앞으로 네번째 인류 역사에 가장 큰일이 하나 남아있다고 하였습니다. 그 사건은 예수님께서 때가 되면 이 세상에 다시 재림하여 오시는 것으로서 결국 인류사는 예수님의 사건이 처음부터 끝까지 가장 큰 사건이요, 관심이 된 것을 알 수가 있게 됩니다.

예수를 깊이 생각하라

우리의 믿는 도리의 사도시며 대제사장이신 예수를 깊이 생각하라.
- 히 3장 1절

글래드스턴의 기념비에 새겨진 글입니다.

"그리스도는 하나님의 품에서 한 여자의 품으로 오셨다. 그는 우리를 아버지께로 인도하시며, 하나님의 아들이 되게 하기 위해 인간의 모양을 취하셨다. 그리스도는 자연법칙을 깨고 이 땅에 태어나시고 빈곤 중에 평범한 생활을 하였다. 그는 태어나면서부터 죽을 때까지, 또 죽어서도 많은 사람들을 놀라게 했다.

공생애를 사시면서는 자연계까지 지배하시면서 많은 이적을 통해 사람들을 놀라게 하셨다... 그는 결코 의사로서 개업을 한 사실도 없다. 하지만 의사들의 기술 이상으로 병든 육체와 영혼을 고치셨다...

또한 죽음이 그를 데려갈 수 없었으며 무덤이 그를 붙잡아 둘 수도 없었다. 그는 타인의 마구간에서 태어나셨고 타인의 배로 전도하며, 타인의 나귀를 탔지만 그리고 타인의 무덤에 장사 지내졌지만 결코 실패한 것이 아니었다.

그는 부활하셨고, 우리의 완전한 소망이 되셨다. 그는 완전하시다. 그는 아름다우신 분이시다. 그는 나의 구주이시다. 내가 생각하는 모든 것, 내가 쓰는 모든 것, 내 존재의 모든 것은 예수 그리스도의 신성이다. 그것은 우리들의 가련하고 제멋대로인 경주에 있어서 중심이 되는 희망이다."

하나님 보좌 우편에 앉으신 예수님

십자가를 참으사 부끄러움을 개의치 아니하시더니 하나님 보좌 우편에 앉으셨느니라 – 히 12장 2절하

성경에 보면, 죄인 된 우리 인생들을 구원하시기 위해서 하나님의 아들이신 예수님이 죄 없는 육신의 몸을 입고 오셨습니다. 그리고는 우리 죄를 속량하기 위해서 십자가에서 죽으신 후 삼일 만에 부활하신 후에 승천하여 천국으로 들어가서 하나님의 보좌 우편의 영광스러운 자리에 앉으셨습니다.

여기에서 이처럼 부활하여 승천하신 예수님께서 하나님의 보좌 우편에 앉으셨다고 하는 말은 예수님이 인간의 육신을 입고 세상에 내려오셔서 십자가에 죽으시고 부활하신 후 성자 하나님으로서 가지셨던 본래의 영광과 권세의 자리로 복귀하셨음(요 17:4-5)을 의미합니다.

이러한 주님의 모습은 이 세상에서 하나님의 아들이시오 그리스도(구원자)이신 예수님을 자신의 구주로 믿고 하늘을 소망하며 살아가는 성도들이 또한 장차 얻을 놀라운 영광을 보여주고 있습니다.

주님은 우리의 선구자와 모델이 되어 우리가 걸어가야 할 길을 먼저 걸어가셨기 때문입니다.

이러한 점에서 주님의 승천은 성도들이 장차 누리게 될 영광에 대한 약속이며 보증으로서 성도에게 위대한 위로와 소망을 주고 있는 것입니다.

신령한 장자권이 되시는 예수님

음행하는 자와 혹 한 그릇 식물을 위하여 장자의 명분을 판 에서와 같이 망령된 자가 있을까 두려워하라. - 히 12장 16절

하루는 에서가 들판에서 사냥하고 돌아왔을 때 동생인 야곱이 팥죽을 맛있게 끓이고 있었습니다. 이를 본 배고픔과 피곤에 지친 에서는 야곱에게 장자의 명분을 팥죽 한 그릇과 바꾸어 먹어 버리는 어리석은 거래를 하고 말았습니다.

에서는 장자권의 귀중성을 몰랐기 때문이고, 야곱은 에서가 그처럼 몰랐고 경홀히 여겼던 장자권의 가치를 잘 알고 있었기 때문입니다. 아브라함의 가문에서 장자의 명분이라고 하는 장자권은 축복의 상속자가 된다고 하는 영적인 의미가 있습니다.

가나안 땅을 상속받고 자손이 번성하고 한 국가를 이루며 또한 그 가운데서 메시아인 예수 그리스도가 나오게 되는 특권이 있는 것입니다.

장자권은 이처럼 자기 개인만의 일이 아닙니다. 대대손손 자기 후손들에게 까지 이어지는 영육 간의 하늘과 땅의 모든 축복의 근원이요, 통로라는 사실입니다.

그러한 의미에서 여기 이 야곱이 사모한 장자권은 바로 모든 축복과 능력의 근원과 통로가 되시는 예수 그리스도를 표상합니다. 곧 예수 그리스도는 그를 믿고 사모하는 모든 자들에게 그 무엇과도 바꿀 수 없는 신령한 장자권이 되기 때문입니다.

저가 채찍에 맞음으로 너희는

친히 나무에 달려 그 몸으로 우리 죄를 담당하셨으니… 저가 채찍에 맞음으로 너희는 나음을 얻었나니. – 벧전 2장 24절

미국의 전직 대통령이었던 지미 카터는 암이 머리 골수까지 전이가 되어서 의사가 넉 달밖에 살지 못한다고 했습니다. 인생의 큰 시련과 시험을 당하게 된 것입니다.

그런데 카터는 신앙이 독실한 분이었습니다. 주일학교 교사를 했는데 다른 스케줄이 겹치게 되면 오히려 다른 스케줄을 다 버리고 주일학교로 향했습니다.

그래서 의사가 넉 달밖에 못 산다고 했음에도 불구하고 카터는 주일학교에 나가서 아이들을 가르치고, 하나님의 말씀을 외우며 기도했습니다.

"주님, 예수님께서 채찍에 맞으심으로 너희가 나음을 얻었다고 하셨는데 제가 이 말씀을 믿습니다. 이 말씀을 영적으로 먹습니다. 주님께서 저를 고쳐주시옵소서."

그에게 놀라운 일이 나타났습니다. 의사의 말과는 달리 죽지 않고 넉 달이 지나도 살았습니다. 그래서 병원에 가서 검사를 하니 암이 온 데 간 데 없이 사라져 버렸습니다.

하나님께서 마라에서 "나는 너희를 치료하는 여호와임이니라."(출 15:26)고 말씀하신 것처럼, 카터가 하나님 말씀을 믿고 순종하며 기도할 때 주님께서 기적으로 그에게 역사하여 주신 것입니다.

방주로 예표 된 그리스도 예수

그들은 전에 노아의 날 방주를 준비할 동안... 순종치 아니하던 자들이라 방주에서 물로 말미암아 구원을 얻은 자가 몇 명뿐이니 겨우 여덟 명이라.
- 벧전 3장 20절

창세기 6장에 보면, 하나님께서 노아 시대의 사람들이 너무나 많은 죄를 지었기에 당시의 세상을 물로 심판을 하셨습니다.

그러나 하나님은 노아에게 그와 그의 가족을 구원하기 위하여 방주를 만들라고 하실 뿐 아니라 노아가 방주를 다 짓게 되니까, 홍수가 임하기 7일 전에 노아와 7의 온 집이 방주에 들어가서 홍수 심판을 피하도록 하였습니다(창 7:1-4).

그 결과, 육지에 있어 홍수로 인해 코로 생물의 기식을 호흡하는 것은 다 죽어가는 세상에서 방주에 들어간 노아와 그 식구들은 죽음을 모면하고 생명을 얻게 되었습니다.

방주는 세상과 함께 심판과 저주의 물에 빠져 죽어야 할 하나님의 택한 백성들을 대신하여 심판과 저주의 물에 빠져 죽으셨다가 다시 삼일 만에 부활하신 예수 그리스도를 예표합니다.

그렇다면 예수님은 어떤 방법으로 그의 택한 백성들을 심판과 저주의 바다에서 끌어올리셔서 방주처럼 물 위를 걷게 하십니까? 주님은 죄인 된 우리 인생들의 모든 죄를 죄 없으신 그 한 몸에 다 담당하시고 십자가에서 대속의 제물이 되어 주시므로 우리의 구원을 이루어 주셨습니다.

죄 사함의 확신-보혈의 능력

그 아들 예수의 피가 우리를 모든 죄에서 깨끗하게 하실 것이요.
- 요일 1장 7절하

후안 카를로스 오르티즈 목사에 관한 이야기입니다.

오르티즈는 목사가 된 후에도 자신의 불완전성으로 인하여 범한 죄 때문에 괴로워했습니다. 그러다가 언제부턴가는 심한 편두통으로 고통을 당했습니다. 어느 날은 편두통이 심해서 강단에서 설교를 하다가 기절해서 병원으로 실려 가기도 했습니다. 유명한 의사도, 좋은 약도, 아무 소용이 없었습니다.

그러던 어느 날 성경을 읽다가 "우리의 모든 죄를 사하시고"(골 2:13)라는 말씀에 은혜를 받았습니다. 그의 마음에 하나님의 소리가 들리는 듯 했습니다.

"너는 도대체 누구냐? 너 때문이 아니고 예수 그리스도의 피 때문에, 네가 네 자신을 알고 있는 것보다 더 자세히 너를 알고 있는 내가 너를 용서했다. 그런데 자신을 용서하지 못하는 너는 누구냐? 나보다 더 거룩한 자냐?"

그는 자신의 불완전성 때문에 늘 불만족스럽게 생각했었는데 그때 자신을 받아들이는 것이 자신의 행위와는 상관이 없다는 것을 깨달았습니다. 그는 이제 더 이상 자신의 행위를 보지 않기로 마음먹었습니다. 그리고 하나님께서 보시는 예수님의 피를 바라보자 마음에 평안이 임하더니 그때로부터 3주일 후, 편두통이 싹 사라졌습니다.

우리의 대언자 되신 예수님

만일 누가 죄를 범하여도 아버지 앞에서 우리에게 대언자가 있으니 곧 의로우신 예수 그리스도시라. - 요일 2장 1절하

대언은 변호해 주는 것을 의미합니다.

예수님은 대언자이십니다. 이는 예수님께서 이미 우리의 모든 죄를 담당하셨으므로 아버지께 당당하게 우리의 연약함을 위해서 요구하실 수 있기 때문입니다.

그러므로 주님의 십자가는 2천 년 전에 지신 십자가이지만, 오늘 나를 죄에서 구원하고, 또 구원 이후 매일 범하는 죄까지 용서해 주실 수 있도록 대언하고 있습니다. 세상법정에서도 재판정에서 유능한 변호는 재판장인 판사의 마음을 움직여 감형을 받게 합니다. 변호라는 게 이렇게 대단한 겁니다.

그런데 예수님은 그 이상이십니다. 당당히 요구하십니다. 왜냐하면 이미 우리의 그 모든 죄를 위해서 우리 주님께서 이미 십자가에서 대속의 피를 흘리셨기 때문입니다. 그러므로 우리가 어떤 죄를 지어도 자백하기만 하면 얼마든지 사해 주시고 깨끗하게 해 주십니다.

그래서 요한일서 1장 9절에 보면, "만일 우리가 우리 죄를 자백하면 그는 미쁘시고 의로우사 우리 죄를 사하시며 우리를 모든 불의에서 깨끗하게 하실 것이요."라고 하였습니다.

마귀의 일을 멸하기 위해서

하나님의 아들이 나타나신 것은 마귀의 일을 멸하려 하심이니라.
- 요일 3장 8절하

마귀는 인간을 처음부터 끝까지 속이고, 도적질하고, 죽이고, 멸망시키는 존재(요 10:10)라고 하였습니다.

성경은 마귀를 이 세상 임금(요 12:31)이요, 이 세상 신(고후 4:4)이라고 하였으며 창세기 3장의 선악과 사건으로 그에게 장악된 인생들로 하여금, "이 세상 풍속을 좇게 하는 공중의 권세 잡는 자로서 지금도 불순종의 아들들 가운데서 역사하는 영"(엡 2:2)이라고 하였습니다.

마귀는 지금도 그리스도 예수 밖에서 구원을 받지 못한 자들이 그리스도 예수 안에 있는 구원을 받지 못하도록 그 마음속에서 계속 복음의 빛을 가리고 있습니다.(고후 4:4) 그래서 예수님을 자신의 구주로 믿지 않는 사람들은 마귀를 자신들의 인생의 주인과 아비와 왕으로 평생을 섬기며 삽니다.

그러다가 언제라도 이 세상을 떠나게 될 때에는 그들의 인생의 주인이요, 왕이요, 신인 마귀와 함께 영원한 지옥의 불못에 들어가게 됩니다.(마 25:41)

하나님의 아들이신 예수님은 인간이 이처럼 불행의 근원인 마귀에게 속아 일평생 마귀에게 잡혀 고생하며 살다가 죽어서도 영원한 지옥의 불못에 가는 것을 불쌍히 여겨서 이와 같은 마귀의 일을 멸하여 주시기 위해서 이 땅에 인자의 모습으로 오셨던 것입니다.

예수 안에 있는 자에게만

또 증거는 이것이니 하나님이 우리에게 영생을 주신 것과 이 생명이 그의 아들 안에 있는 그것이니라. – 요일 5장 11절

사도 요한은 기록하기를, 하나님의 아들이신 예수가 그 속에 없는 자는 그리스도 예수 안에 있는 생명인 영생이 없다고 하였습니다.

길원평 교수의 젊었을 때의 이야기입니다.

최근 모 신문에 연재된 부산대 길원평 교수의 글에 보면, 그는 젊었을 때 유물론 사상에 젖어 허무주의에 빠져 있던 청년이었으나 유학을 가서 그리스도를 만났습니다. 그리고는 교수가 되어서 부산대학으로 돌아왔는데 지금도 자기가 예수님 때문에 죽지 않고 영생을 할 존재라는 것을 생각하면 가슴에 기쁨이 있다고 합니다.

그것은 이 세상의 어떤 기쁨 하고도 비교를 할 수 없는 것으로서 예수님과 함께 영원히 살게 될 것이라는 믿음과 소망이 주는 기쁨이야말로 가슴속 깊은 곳에서 스며 나오는 기쁨이라고 합니다.

그는 가끔 새벽에 일찍 잠이 깰 때에 침대에 누워서, '나는 이제 영원히 사시는 주님, 그 주님과 함께 영원히 사는 그 나라에서 보낼 존재로구나!' 하는 것을 생각하면 꿈인지 생시인지 잘 몰라서 자기 몸을 꼬집어본다고 합니다.

얼마나 흥분되는지, 얼마나 황홀한지 마치 구름을 타고 다니는 것 같다는 표현을 합니다.

사망과 음부의 열쇠를 가지신 예수님

나는 처음이요 나중이니 곧 산 자라 내가 전에 죽었었노라 볼지어다 이제 세세토록 살아 있어 사망과 음부의 열쇠를 가졌노니. - 계 1장 17절하-18절

우리의 구원자가 되시는 예수님은 생명과 현세를 주장하실 뿐 만 아니라 사망과 사후 세계도 주장하십니다.

사도 요한이 증거하고 있는 대로 우리 주님께서 사망과 음부의 열쇠를 가지셨다고 하는 말은 예수님은 천국 문을 열고 닫는 열쇠와 지옥문을 열고 닫는 열쇠를 한 손에 모두 쥐고 계신다고 하는 것입니다.

계시록 3장 7절에서도, "다윗의 열쇠를 가지신 이 곧 열면 닫을 사람이 없고 닫으면 열 사람이 없는 그이가 가라사대"라고 하였습니다. 계시록 17장 14절에는 예수님을 "만주의 주시오, 만왕의 왕이시라."고 하였습니다.

예수님은 현세와 사후의 세계를 모두 다스리시는 분이십니다.
그러므로 우리 죄를 대신하여 십자가에서 대속의 제물이 되신 하나님의 아들이시오, 구원자(그리스도)이신 예수님을 자신의 구주로 믿는 자들은 주님과 함께 영원한 천국에서 영생을 영원토록 주님과 함께 왕 노릇(딤후 2:10-12)할 수 있는 하늘의 거룩한 성 새 예루살렘의 주인공(계 22:5)들이 될 수 있습니다.

우리를 자신의 소유로 삼으신 예수님

일찍 죽임을 당하사 각 족속과 방언과 백성과 나라 가운데서 사람들을 피로 사서 하나님께 드리시고. - 계 5장 9절하

아프리카의 오지에서 일어난 일이라고 합니다.

어느 날 한 토인이 사소한 실수를 저지르는 바람에 추장의 노여움을 사서 사형을 당하게 되었습니다. 이 사실을 안 선교사는 비싼 보회를 싸 가지고 가서 추장에게 주면서 죄인의 생명을 살려달라고 긴청했으나 추장은 "내가 오직 필요로 하는 것은 피요. 다른 것은 소용없소."라고 하였습니다.

추장은 다시 부하에게 죄인을 죽일 것을 명해서 화살이 시위에서 떠나려는 순간 선교사가 죄인 앞을 가로막고는 자기가 화살에 맞았습니다. 선교사의 몸에서는 이내 피가 솟구쳤습니다.

그는 이러한 몸으로 추장에게 다가가서

"자, 당신이 구하고 있는 피요. 받으시오. 그리고 그를 살려 주시오."

라고 하자, 선교사의 행동에 감동한 추장은, "좋소. 당신은 당신의 피를 가지고 그를 샀소. 그는 당신의 것이오."

그때에 죄인은 선교사의 발밑에 엎드려 감격에 떨면서 부르짖었습니다. "주인님, 감사합니다. 감사합니다. 주인님은 피로 저를 사셨습니다. 아무쪼록 오늘부터 어디를 가시든지 제가 모실 수 있도록 해주십시오." 그 후 선교사가 가는 곳마다 그 토인이 그림자처럼 따라다녔습니다. 아무리 어렵고 힘든 일에도 결코 싫은 기색을 하지 않았습니다.

만왕의 왕이신 예수 그리스도

저희가 어린 양으로 더불어 싸우려니와 어린 양은 만주의 주시요 만왕의 왕이시므로 저희를 이기실 터이요. - 계 17장 14절상

프랑스 황제 루이 14세에 대한 이야기입니다.

루이 14세는 베르사유 궁전을 완성하고 프랑스의 권위를 세계에 널리 떨쳤습니다. 하지만 그는 철저한 가톨릭 신자로 신앙의 자유를 인정하지 않고 신교를 박해했습니다. 특히 신교의 대표자였던 세오졸프를 칙령 거역죄라는 죄목으로 파리 탑 위의 감옥에 가뒀습니다.

그 해, 부활절에 루이 14세는 황제의 위엄을 갖추고 호화찬란한 부활절 행렬대를 거느리고 파리 시가에 나서려고 했습니다. 감옥에서 그 광경을 보고 있던 세오졸프는 하나님의 영감으로 크게 찬송했습니다.

"할렐루야 우리 예수 왕의 왕이 되시고 우리들의 중보 되신 성령 증거 하시네/구주 예수 부활하사 처음 열매 되셨네/구주 예수 부활하사 처음 열매 되셨네."(159장)

이때, '왕의 왕은 예수님 밖에 없다.'는 가사가 루이 14세에게 큰 충격을 주었습니다. 그는 곧장 감옥으로 달려갔습니다. 황제는 세오졸프의 손을 잡고 자신의 잘못을 고백한 후, 그를 석방하고 신앙의 자유를 선포했습니다.

누구든지 예수님 앞에서는 죄인입니다. 예수님은 죄인인 우리를 영원한 멸망과 흑암에서 구원하신 만왕의 왕이신 우리의 주님이십니다.

인간 역사의 기준이 되시는 예수님

나는 알파와 오메가요 처음과 나중이요 시작과 끝이라. - 계 22장 13절

알파와 오메가는 희랍어의 알파벳의 처음 글자와 맨 끝 글자입니다. "나는 알파와 오메가요 처음과 나중이요 시작과 끝이라."라고 말씀을 하시는 예수님은 역사를 시작하셨고, 그 역사를 주장하시며 그 역사를 끝맺는 분으로서 곧 역사의 주(主)이심을 의미합니다.

예수님은 인간 역사의 기준이십니다. 올해는 주후(A.D:예수님 출생 이후) 2018년입니다. 그러면 B.C는 무엇입니까? Before Christ 즉, 예수 이전입니다. 이처럼 예수 그리스도는 인간 역사의 기점입니다. 그러면 왜 이렇게 예수님을 중심해서 A.D와 B.C로 나눌까요?

예수님은 성자 하나님으로서 이 세상에 구원자로 오신 분이시기 때문입니다. 곧 죄로 말미암아 지옥의 형벌을 받을 수밖에 없는 인류를 구원하시고자 사람의 몸을 입고 이 세상에 오신 하나님의 아들이신 예수 그리스도이십니다.

그는 전능하신 하나님이십니다. 우주와 만물을 창조하신 분이십니다. 인간의 모든 역사를 주관하시는 분이십니다.

이분께서 죄인 된 우리를 구원하시기 위해 십자가에 못 박혀 죽으셨고, 무덤에서 삼일 만에 다시 살아나셨습니다. 그리고 지금은 하나님의 보좌 우편에 계시면서 모든 인류의 역사를 주관하고 계십니다.

3

전도하게 하시는 하나님의 열심

30년 동안을 더 살다 감

여호와는 죽이기도 하시고 살리기도 하시며 음부에 내리게도 하시고 올리기도 하시는도다. – 삼상 2장 6절

어느 교회에 외항선을 타는 집사가 있었습니다. 이 사람은 직업이 외항선을 타는 선원이라서 배를 타고 돌아다니면서 그야말로 하고 싶은 대로 인생을 방탕하게 살았습니다.

그런데 어느 날부터인가 몸에 이상을 느끼게 되었습니다. 진찰을 받아보니 가망이 없다는 것이었습니다. 3개월 남았다는 것입니다. 간에도 위에도 폐에도 암세포가 전이가 된 것입니다.

그는 이제 자신이 3개월 밖에 못 산다고 생각하니까 정신이 번쩍 들었습니다. 그래서 그는,

'이제 남은 3개월만이라도 의미 있게 살아보자.'

라고 하며 주변 사람들에게, 친구들에게 열심히 전도하기 시작합니다.

방탕하게 살던 사람이 이처럼 갑자기 전도를 하니까, 친구들이 점점 감동을 받고 열매가 맺혀지기 시작합니다. 3개월이 되었습니다. 그리고 또 6개월이 지나갑니다.

그런데도 죽지를 않습니다. 그래서 1년이 되고, 3개월 밖에 살지 못한다던 사람이 계속해서 3년간 전도를 하고, 그 이후로 30년 동안 더 하나님 앞에 그렇게 열심히 충성하다가 주님께로 갔습니다.

가장 중요한 일이 전도

나를 존중히 여기는 자를 내가 존중히 여기고 나를 멸시하는 자를 내가 경멸히 여기리라. - 삼상 2장 30절하

카터 전 미국 대통령이 1979년에 미국 대통령의 신분으로 우리나라를 방문했을 때의 일입니다.

정상회담이 시작되었을 때 그때, 카터 대통령은 박정희 대통령에게 30분 동안이나 복음을 전하며 전도를 했습니다. 그런데 문제는 카터 대통령이 본국으로 돌아갔을 때에 미국의 온갖 신문들에서 카터 대통령을 비판하기 시작했습니다.
- 일국의 정상이 정상 회담 중 종교문제를 꺼내어 전도를 하다니 그게 대통령으로서 할 일이냐?

비판의 소리가 점점 높아지자, 카터는 이렇게 말했습니다.
"나는 미국의 대통령으로서, 그리고 하나님을 믿는 사람으로서, 내가 가장 중요하게 생각하는 것을 가장 중요한 순간에 했을 뿐입니다."

그는 항상 예수님께 관심을 갖고 있는 사람이었습니다. 예수님을 가장 중요하게 생각한 사람이었습니다. 그래서 그는 예수님이 하나님의 아들이라는 것을 전하는 것이 자기가 한 일 중에 가장 중요한 일이라고 생각한 사람이었습니다.

결국 어떻게 되었습니까? 카터는 미국의 역대 대통령 중 대통령 때보다 대통령이 끝난 뒤에 더 많은 일을 한 사람이 되었고, 대통령 때보다도 대통령이 끝난 뒤에 더욱 존경을 받는 사람이 되었습니다.

전도자를 보호하시는 하나님

여호와께서 자기를 사랑하는 자는 다 보호하시고 악인은 다 멸하시리로다.
- 시 145편 20절

2007년 5월 17일에 일어난 사건입니다.

서울의 어느 초등학교에서 일어난 일입니다. 그 학교에서 어느 날 소방 훈련이 있었습니다. 4명 학부모 여자들이 사닥다리 차 바구니에 들어가서 9층 높이에 올랐습니다. 그런데 비구니를 유지하고 있던 쇠줄이 끊어져서 바구니가 거꾸로 되어서 쏟아지게 되었습니다.

바구니에 타고 있던 4명의 여자 학부형들이 그대로 쏟아져 내렸습니다. 그 결과 3명이 죽었습니다. 그래서 그들 중의 한명인 이혜숙 집사만 살았습니다.

다른 사람들이 다 죽어버리고 자신도 죽을 수 밖에 없는 자리에서 참으로 기적과 같이 살아난 이혜숙 집사는 전도의 사명을 받은 집사였습니다.

하나님이 가장 기뻐하시는 전도를 자신도 기뻐하며 이를 열심히 하는 그 집사만 살아났습니다. 당시에 사람들이 모두 말하는 소리가,

"전도 잘 하니까 하나님이 데려가기 아까워서 살려 주셨다."

고 하는 것입니다.

선교사는 죽어서도 말한다

내가 또 주의 목소리를 들은즉 이르시되 내가 누구를 보내며 누가 우리를 위하여 갈꼬 그 때에 내가 가로되 내가 여기 있나이다 나를 보내소서.
- 사 6장 8절

서울 합정동의 양화진에 자리한 한국기독교 선교기념관은 이 땅을 '복음의 땅끝'으로 알고 찾아왔다가 숨진 10개국 395명의 선교사들이 묻혀 있는 곳으로서 이곳은 지금 공원으로 조성되어 있습니다.

한국교회는 은혜 보답의 차원에서 이곳에 외국인 교회를 설립했습니다. 선교사들의 묘비에는 생명력 넘치는 메시지가 기록되어 있어 이를 보는 방문객들의 영혼을 두드리고 있습니다. 묘비명에 담긴 한국에 대한 이들의 애절한 사랑도 보는 자들의 가슴을 촉촉하게 적셔옵니다.

그들은 모두가 다 자신들의 안락한 삶을 마다하고 한국을 찾아온 벽안의 선교사들입니다. 온갖 풍상에 씻겨 흔적을 알아보기 힘든 빛바랜 묘비명들이 예리한 표상처럼 가슴에 파고듭니다.

"친구를 위하여 자기 목숨을 버리면 이보다 더 큰 사랑이 없느니라."(A. K. 젠슨)

"나에게는 천의 생명이 주어진다 해도 그 모두를 한국을 위해 바치리라."(R. 캔드릭)

A. R. 아펜젤러 선교사의 묘비명이 다시금 방문객들의 눈길을 잡아당깁니다. "나는 섬김을 받으러 온 것이 아니라 섬기러 왔습니다."

오늘, 우리는 어디에서 무엇을 하며 우리의 몸을 묻어야 할까요?

왜 세어보지 않느냐

많은 사람을 옳은 데로 돌아오게 한 자는 별과 같이 영원토록 비취리라.
- 단 12장 3절하

국민일보의 '신앙간증' 난에도 소개된 민병운 권사의 간증입니다.

그녀는 어려서부터 교회에 다녔으며 일반외과 여성전문의 제1호 자격증을 취득하여 1967년에 개업하였습니다. 그러나 병원을 찾아오는 사람은 없고 빚은 날로 늘어나게 되어서 평소 우의가 깊었던 한 환자에게 상의하던 중 하나님께 기도해 보라고 하는 말을 듣게 되었습니다.

그래서 그녀는 기도원에 가서 밤을 새워 기도하였습니다. 그때, 그녀는 중요한 사실을 발견했습니다. 그것은 부실한 십일조와 사랑이 없음이 문제였음을 깨달았고, 그 문제점을 시정한 이후 찾아오는 환자의 수가 늘어나게 되면서 수입도 그만큼 많아지게 되었습니다.

어느 날 저녁에 무심코 돈을 세고 있었는데 귓가에 세미한 음성이 들리는 것이었습니다.

"네가 돈을 얼마나 벌었는지는 철저하게 세면서 전도한 사람이 몇 인가는 왜 세어보지 않느냐?"

이 음성을 듣고 나서 그는 그 자리에 털썩 주저앉고 말았습니다. 병원을 찾는 수많은 환자들이 곧 그의 전도의 대상이었던 것입니다.

"주님, 이제야 무엇이 귀중한 일인지를 분명히 깨달았나이다. 저를 기도와 전도의 도구로 삼아주소서."

이때부터 그녀의 본격적인 기도와 전도생활이 시작되었습니다.

그에게는 아무도 손대지 말거라

내 이름을 경외하는 너희에게는 의로운 해가 떠올라서 치료하는 광선을 발하리니 너희가 나가서 외양간에서 나온 송아지같이 뛰리라. – 말 4장 2절

그리어슨 선교사의 일화입니다.

1906년 러일 전쟁 당시, 우리나라 성진에 와 있던 그리어슨 선교사는 독한 열병에 걸려 40도를 오르내리는 위급한 상황을 맞게 되었습니다. 그는 자신이 의사였으므로 회생할 가망이 없음을 알고 원산 선교부에 증세를 알렸습니다.

그렇게 열병이 9일이나 계속되던 어느 날이었습니다. 꿈에 자신이 일본군 법정에 끌려가서 사형선고를 받았는데 문득 하늘에서 소리가 들렸습니다.

"안 된다. 그렇게는 못한다. 그 사람은 조선의 북쪽 선교를 위해 내가 택한 사람이니라. 아무도 손대지 말거라."

그는 즉시 꿈에서 깨어나 부인과 아이들과 자신의 일을 도와주던 이두섭 씨와 함께 하나님께 감사예배를 드렸습니다.

이튿날, 그는 점차 열이 내리기 시작했으며 씻은 듯이 나아서 건강을 되찾았다고 합니다.

하나님께서는 죽을 수밖에 없는 독한 열병에 걸린 선교사를 한국 선교를 위하여 다시 살려 주신 것입니다.

당신은 이곳에 오지 마시오

이미 도끼가 나무 뿌리에 놓였으니 좋은 열매 맺지 아니하는 나무마다 찍혀 불에 던지우리라. – 마 3장 10절

성경을 보면, "한 번 죽는 것은 사람에게 정한 것이요 그 후에는 심판이 있다."(히 9:27)라고 말합니다. 여기에서의 심판은 예수 믿고 구원을 받은 자는 천국이요, 예수님을 자신의 구주로 믿지 않고 구원을 받지 못한 자는 영원한 지옥의 불못에 들어가는 심판입니다. 지옥은 한번 들어갔다고 하면 다시는 빠져나올 수 없는 곳으로써 영원히 뜨거운 불 가운데서 지옥에 간 부자처럼 영원토록 고통을 당합니다.

어느 날 춘천에 사는 사업가 김씨가 부산으로 출장 가며 아내에게 이틀 후에 부산에 내려와 함께 휴가를 보내자고 했습니다. 그런데 부산이 너무 더워서 다음날 아내에게 이메일을 보냈는데 주소를 잘못 쳐서 엉뚱하게 메일이 얼마 전에, 사고로 세상을 떠난 어느 목사님의 사모님에게 발송되었습니다.

그런데 사모님은 그 이메일을 받아보고 나서는 그만 기절했습니다. 그 메일에는 이런 글이 있었습니다.

"여보, 이 아래는 무척 뜨겁소! 너무 고통스럽소! 당신은 이곳에 오지 마시오."

그 유머가 진짜 현실이 되지 않도록 우리는 우리 주변에 사랑하는 사람들과 불신자들이 지옥 불 아래로 떨어지지 않도록 그들에게 열심히 주님의 복음을 전해야 하겠습니다.

원수들을 사랑과 복음으로

나는 너희에게 이르노니 너희 원수를 사랑하며 너희를 핍박하는 자를 위하여 기도하라. – 마 5장 44절

1960년대에 휘튼 대학에서 수석으로 졸업을 하고 그 대학에서 교수직을 얻은 짐 엘리어트가 에콰도르에 있는 아우카 족속들을 사랑과 복음으로 섬기기 위해 동료 네 명과 함께 떠났다가 그곳에 도착하자 말자 그 족속에게 무참히 살해를 당했습니다.

그 후 일 년 반 후에 짐 엘리어트의 아내가 간호공부를 하고 남편과 함께 죽었던 동료 선교사 부인들과 함께 아우카 족속들의 말을 배워 남편을 죽인 그 족속에게 찾아가서 섬겼습니다. 그 후 6년 후에 안식년을 가지기 위해 고향으로 돌아올 때에 그 족속의 추장이 짐 엘리어트 부인과 동료들에게,

"당신들은 왜, 도대체 누구길래 이 긴 5년 동안 우리의 필요를 채우고 우리를 섬겼습니까?"

하고 물었을 때에 그때에 처음으로 이 여인들이 이야기했습니다.

"저희들은 6년 전에 당신들에게 하나님의 사랑을 이야기하려 왔던 그리고 당신들이 무참하게 창으로 찔러 죽였던 짐 엘리어트와 그 동료들의 아내들입니다."

그 부족은 거기에서 다 무너져 버리고 그 부족 전체가 다 예수 믿게 되고 짐 엘리어트를 창으로 찔렀던 그 청년들 중에 한 사람이 그 부족의 목사가 되었다고 하였습니다.

먼저 구하여야 할 것

너희는 먼저 그의 나라와 그의 의를 구하라 그리하면 이 모든 것을 너희에게 더하시리라. – 마 6장 33절

전도를 많이 하는 어느 평신도의 간증집에 보니까 자기가 전도를 많이 한 다음부터 건강의 복도 받고 물질의 복도 받고 엄청난 축복을 받았다고 합니다.

'물가에 심기운교회'를 담임하는 윤성호 목사가 전도사 시절에 『나는 이렇게 전도했다』라는 책을 써서 펴내었습니다.

당시에, 윤 전도사는 그 책을 쓰기 위해서 전국에 있는 전도왕 50명을 찾아가서 그분들의 전도 간증을 들었습니다.

그는 전도왕들의 공통점 몇 가지를 발견했습니다.

첫째는 경제적인 복을 받았다는 것입니다.
둘째는 병 고침을 받았다는 것이고,
셋째는 별 볼일 없는 사람이었는데 무능한 자 같으나 유능한 자가 되었습니다.
넷째는 자신이 엄청난 변화를 체험했다는 것입니다.

전국의 전도왕 50명을 이처럼 모두 인터뷰 한 윤 전도사가 내린 결론은 전도보다 빠른 축복은 없다고 하였습니다.

온 천하보다도 귀한 자신의 목숨

사람이 만일 온 천하를 얻고도 제 목숨을 잃으면 무엇이 유익하리요 사람이 무엇을 주고 제 목숨과 바꾸겠느냐. – 마 16장 26절

　조지 스위팅이라는 분이 말하기를 "천년을 사는 동안에 단 하나의 영혼을 그리스도께로 인도하고 그밖에 아무 일도 하지 못했을지라도 나의 삶은 무한한 가치가 있는 삶이 될 것입니다."라고 하였습니다.
　왜냐하면 인간의 생명은 예수님께서도 말씀하셨듯이, 온 천하보다도 더 귀한 것(마 16:26)이기 때문입니다. 그러기에 온 천하보다 더 귀한 생명을 영원히 멸망 받아야 마땅한 자리에서 영원한 생명의 길로 인도하였다면 단 한 사람에게 복음을 전했다 할지라도 그것은 정말 귀한 것입니다.

　그러므로 우리 주님 보시기에 세상에서 가장 크고 시급한 일은 영혼을 구원하는 일입니다. 그래서 우리 주님 보시기에 세상에서 가장 아름다운 발도 영혼을 살리려 가는 발걸음이요, 우리 주님 보시기에 세상에서 가장 보람된 일도 영혼을 살리는 일입니다.
　세상에서 가장 값진 돈도 영혼을 살리는데 쓰는 것이며,
　세상에서 가장 아름다운 말도 예수 믿고 구원받으라는 말이며,
　세상에서 가장 가치 있는 시간도 영혼 구원을 위해 쓰는 것이며,
　세상에서 가장 가치 있는 봉사도 영혼을 살리는 데 있습니다.

주님의 은혜가 너무나 감사하여

그러나 그 사람이 나가서 이 일을 많이 전파하여 널리 퍼지게 하니.
- 막 1장 45절상

마가복음 1장 40-45절의 말씀에, '온몸에 문둥병이 든 사람'이 예수님께 나와서 자신의 그 무섭고도 부정한 병을 예수님으로부터 깨끗이 고침 받았습니다. 그래서 자신의 인생을 온통 절망과 한숨과 불행으로만 가득하게 했던 그 악하고도 몹쓸 병에서 완전히 벗어날 수 있게 되었습니다.

그는 자신을 그처럼 고쳐주신 우리 주님의 은혜가 얼마나 크고도 감사한지 잠시도 그 자리에서 그냥 있을 수가 없었습니다. 그래서 그는 주님께서는 이 사실을 아무에게도 아무 말도 하지 말라고 하셨지만 그는 주님의 이 은혜가 너무나 크고 감사하여, 그 은혜에 강권이 되어서 "나가서 이 일을 많이 전파하여 널리 퍼지게"(막 1:45)하였습니다.

그래서 그는 만나는 사람에게 "제가 온몸에 그 무섭고도 부정한 문둥병이 들었던 사람입니다. 그런데 예수님께서 나를 불쌍히 여겨주셔서 나의 이 문둥병을 이처럼 깨끗하게 고쳐주셨습니다. 예수님이 나를 그 악하고도 몹쓸 문둥병에서 이처럼 완전하게 벗어나게 하여 주셨습니다."라고 하였습니다.

그리하여 이 사실을 알고 들은 허다한 사람들이 사방에서 주님의 말씀도 듣고 자신들의 병도 고침을 받기 위해서 우리 주님께 나아오게 되었습니다.(눅 5:15)

내가 받은 은혜를 증거하라

주께서 네게 어떻게 큰 일을 행하사 너를 불쌍히 여기신 것을 네 친속에게 고하라 하신대. – 막 5장 19절하

마가복음 5장 1-20절의 말씀에 보면 거라사의 광인에게 들렸던 군대 귀신이 예수님으로부터 쫓겨나가자 그 사람은 정신이 온전해졌습니다.

벌거벗고 지내던 사람이 단정하게 옷을 입었습니다. 그리고 무덤 사이에 거하던 그가 주님 발아래 앉았습니다. 그의 얼굴에서 사악한 기색이 사라지고 온순하고 경건한 분위기가 감돌았습니다.

주님으로부터 군대 귀신 들렸던 자리에서 구원함을 받은 이 사람은 그 은혜가 너무나 감사하여 우선 무엇보다도 그의 마음에 예수님을 모시고 함께 지내고 싶은 소원이 간절했습니다. 그래서 그 사람은 주님과 함께 있기를 구했습니다.

그러나 예수님께서는 그의 청을 거절하시고, "저에게 집으로 돌아가 하나님이 네게 어떻게 큰 일 행하신 것을 네 친속에게 고하라."(막 5:19)고 하셨습니다. 이에 그 사람이 순종하여 자기 고향으로 가서 예수님께서 자기에게 어떻게 큰일을 행하사 자신을 불쌍히 여기셨는지를 크게 널리 널리 전파하였습니다.

이처럼 예수님께서는 그 사람을 주님 자신의 복음의 증인으로 삼으셨습니다. 이처럼 전도는 남의 이야기를 전하는 것이 아니라, 나에게 일어난 일, 곧 내가 받은 분명한 은혜와 증거를 말하는 것이 전도입니다.

저 병든 개만도 못하구나

제자들이 나가 두루 전파할 새 주께서 함께 역사하사 그 따르는 표적으로 말씀을 확실히 증거하시니라. - 막 16장 20절

동물병원을 운영하는 한 수의사 집사가 있었습니다.

그가 어느 날 병원 문을 열어보니까 떠돌이 병든 개 한 마리가 병원 앞에 와서 쭈그리고 앉아 있었는데 사방에 피가 엉겨 붙어 있고, 몸이 만신창이가 되어 있었습니다. 너무 불쌍해서 데려다가 치료를 잘 해주고 배고플까 봐 먹을 것을 갖다 주니까 잘 먹고 의자 밑에서 잠까지 잤습니다.

그런데 바쁘게 일하다 보니까 어느새 개가 사라지고 없었습니다. 그래서 그는 생각하기를,

'역시 개는 개구나. 그렇게 치료해 주고 밥도 줬는데 간다는 인사도 없이 사라지다니.' 라고 하면서 섭섭하게 생각했습니다.

그런데 이게 웬일입니까? 저녁 시간 즈음에 이 개가 또 다른 병든 개를 데리고 들어왔습니다. 그가 궁금해 하면서, '그 개가 왜 다른 개를 데리고 왔겠는가, 그 집에 가니까 나를 치료해 주고 먹여 주고, 돌보아 주는데 너무나 좋더라고 하지 않았을까' 하는 생각을 하면서 데리고 온 병든 개를 또 다시 잘 치료해 주고 돌보아 주었습니다.

그러면서 그는 크게 반성을 했습니다.

'그래, 나는 저 병든 개만도 못하구나. 목사님은 전도 좀 하라고 그렇게 목이 터져라 외치는데 전도 한 명도 못하니 나는 개만도 못하구나.'

왜 좀 더 빨리 오지 않았습니까?

이 아이여 네가 지극히 높으신 이의 선지자라 일컬음을 받고 주 앞에 앞서 가서 그 길을 예비하여 주의 백성에게 그 죄 사함으로 말미암는 구원을 알게 하리니. - 눅 1장 76-77절

허드슨 테일러 선교사가 중국의 영파에서 내륙 선교를 시작할 때였습니다.

그곳에 영국인 선교사 부부가 만든 작은 교회가 있었는데 그중 '예'씨라는 사람이 가장 열심이었습니다. 그는 원래 솜 장사를 하는 불교신자였는데, 어느 날 교회 앞을 지나다가 종소리를 듣고 '예수님의 집'을 보고 그곳에 들어가 살펴보다가 그때 마침 테일러가 하던 설교를 듣게 되었습니다. "모세가 광야에서 뱀을 든 것 같이 인자도 들려야 하리니 이는 저를 믿는 자마다 영생을 얻게 하려 하심이니라."(요 3:14-15)

그 설교에 감동을 받은 '예'씨는 말하기를,
"나는 오랫동안 진리를 찾아 헤맸지만 유교나 불교, 도교에서도 평안과 기쁨을 얻지 못했는데 오늘 저녁에 들은 말씀 가운데서 저는 안식을 발견했습니다. 이제부터 예수 믿는 사람이 되겠습니다."
라고 했습니다. 그러더니 테일러에게,
"당신들 영국인들은 언제 이런 기쁜 소식을 들었습니까?"라고 묻자, 테일러가 수백 년도 더 되었다고 하자 '예'씨가 말합니다.
"그런데 이제야 겨우 우리들에게 그 소식을 전해 주십니까? 왜 좀 더 빨리 오지 않았습니까?"

이 고통받는 곳에
오지 않게 하소서

그러면 구하노니 아버지여 나사로를 내 아버지의 집에 보내소서 내 형제 다섯이 있으니 저희에게 증거 하게 하여 저희로 이 고통받는 곳에 오지 않게 하소서. – 눅 16장 27-28절

    어떤 부부가 한 살 된 어린아이를 차에 태우고 영화관에 갔습니다. 영화를 상영하는 중에 아이가 울까 봐 아이를 차 안에 두고 부부만 극장에 들어가서 영화를 관람했습니다. 그 날이 아마도 상당히 더운 날이었나 봅니다. 그래서 영화 관람을 마치고 나와 보니 아이는 죽어 있었습니다.
    한 살 된 어린아이가 얼마나 울었던지 입에 거품을 물고 질식해 있는 상태로 발견된 것입니다. 이것은 신문에 난 기사입니다.

    부모가 다른 것에 신경 쓰는 바람에 자기 아이가 살려달라고 애처롭게 우는 소리도 듣지 못한 것입니다. 이 얼마나 비극적인 일입니까? 지금도 우리 주위에는 "나를 살려달라고, 나를 좀 구원해달라고, 그래서 나를 예수 믿게 해 달라고, 그래서 나를 지옥의 불구덩이에 가지 않게 해 달라."라고 울부짖고 있습니다.
    우리는 그 시급한 영혼의 부르짖음을 들을 수 있어야 합니다. 그 속에 있는 영혼이 부르짖고 있습니다.
    "그리스도인들이여, 내가 하나님을 알지 못합니다. 예수 믿지 않고 있습니다. 나를 데리고 가서 한번 예수 믿게 해 주십시오."
    라고 부르짖고 있습니다. 이 소리를 우리 모두는 믿음의 귀로 들을 수 있기를 바랍니다.

멸망치 않고 영생을 얻게 하는

이는 저를 믿는 자마다 멸망치 않고 영생을 얻게 하려 하심이니라.
- 요 3장 16절하

월간 '터치' 8월호의 내용입니다.

아프리카인인 어느 여자 맹인이 성경책을 갖고 선교사를 찾아왔습니다. "선교사님 미안하지만 요한복음 3장 16절을 찾아서 붉은색으로 줄을 좀 쳐주시겠어요."

선교사는 그 맹인의 성경 요한복음 3장 16절에 붉은색으로 줄을 쳐주었습니다. 그녀는 그 성경책을 갖고 마을에 있는 중학교의 하교 시간만 되면 학교 문 앞에 가서 서 있다가 학생들이 교문을 나오고 있을 때, 한 학생에게 다가가 말했습니다.

"학생, 이리 좀 와 봐요. 여기 붉은색으로 줄이 쳐진 성경구절에 뭐라고 쓰여 있지요. 한번 읽어 볼래요."

학생은 자랑스럽게 읽어 주었습니다. "하나님이 세상을 이처럼 사랑하사 독생자를 주셨으니 이는 저를 믿는 자마다 멸망치 않고 영생을 얻게 하려 하심이니라." 맹인은 학생에게 그것이 무슨 뜻인지 묻고 학생이 잘 모르겠다고 대답하면 맹인은 예수님을 생명의 주님으로 증거 합니다. 그리고는 부탁을 했습니다. "나는 비록 소경이지만 예수님으로 인해 구원받은 감격과 소망을 가지고 살아가고 있어. 그러니 너도 예수님을 영접해야 해." 맹인의 이러한 열심을 통해 나중에 그 학교 학생 중에서 24명의 훌륭한 목사와 선교사가 나왔다고 합니다.

암자가 변하여 기도원으로

저희가 날마다 성전에 있든지 집에 있든지 예수는 그리스도라 가르치기와 전도하기를 쉬지 아니하니라. - 행 5장 42절

경상북도 구미시에 가면 갈보리 기도원이 있습니다. 이 기도원은 본래 절이었는데, 절이 변해서 기도원이 된 특별한 역사가 있습니다.

장로교 집사 한 분이 깊은 산으로 나무를 하러 들어갔습니다. 깊은 산에 들어가서 보니, 스님 한 분이 절을 짓고 있었습니다. 150평 정도 되는 그리 크지 않은 절이었습니다.

그때 집사는 전도지를 주면서 스님에게 전도를 하였습니다. 그런 일이 매일 반복되었습니다. 담대하게 매일 그렇게 하였습니다.

그러던 어느 날이었습니다. 스님은 암에 걸렸다는 진단을 받게 되었습니다. 이제 의사도 더 이상은 어쩔 수 없다는 것을 알았습니다. 이 스님이 어쩔 수 없으니 전도를 받아들여서 예수님을 영접하였습니다. 스님으로서 아무리 석가모니에게 기도하여도 소용이 없었기 때문이었습니다.

예수님을 영접한 스님은 3만 평 땅과 자기가 지은 절을 하나님께 헌금하였습니다. 교회에서는 150평의 절간을 기도원으로 바꾸었습니다. 그리고 그 암자 이름이 보리암(菩理庵)이었기 때문에 '보리'라는 말을 넣어서 '갈보리 기도원'이라고 이름을 붙였습니다.

마음을 열어주시는 주님

두아디라 성의 자주 장사로서 하나님을 공경하는 루디아라 하는 한 여자가 들었는데 주께서 그 마음을 열어 바울의 말을 청종하게 하신지라.
- 행 16장 14절

바울이 빌립보 지역의 성문 밖 강가에 모여 있던 여인들에게 다가가서 복음을 전하였습니다. 바울이 전한 복음을 듣고 예수님을 믿고 자신도 세례를 받고 그의 가족들도 세례를 받게 한 여자는 루디아라고 하는 한 여자뿐이었습니다.

그런데 여기에서 이처럼 루디아가 그렇게 바울의 말을 청종할 수 있었던 것은 "주께서 그 마음을 열어주셨기 때문이라."(행 16:14)고 하였습니다. 루디아는 바울이 증거 하는 복음을 듣고 그와 그의 가족이 구원을 받게 되자 그 은혜가 너무나 감사하고 또 바울이 증거 하는 복음이 너무나 귀중하였습니다.

그녀는 바울에 의해서 그가 살고 있는 빌립보 지역도 복음화가 될 수 있도록 바울의 전도팀을 자기 집에 초청하면서 그들이 마음껏 자유롭게 자기 집에 유하면서 빌립보 지역을 복음화시킬 수 있도록 그의 가정을 개방하여 빌립보 교회가 세워지도록 하였습니다.

바울의 전도를 통하여 예수님을 믿고 구원함을 받은 루디아는 그 은혜가 너무 감사하여 그 이후로부터 계속 사도 바울의 전도사역의 가장 든든하고 헌신적인 후원자 중의 한 사람이 되었습니다.

가정복음화가 자신의 사명

가로되 주 예수를 믿으라 그리하면 너와 네 집이 구원을 얻으리라.
- 행16장 31절

　1989년 부산에 동의대에서 학내분규가 심하게 일어나 학교당국의 요청으로 경찰이 학교 안에 들어가서 학생 시위대를 진압하였습니다. 그 과정 속에서 학생들이 화염병을 전경들에게 던져 불이 나서 건물에 갇힌 전경들이 7-8명이 죽고, 10명 이상이 중화상을 입고 다쳤습니다.

　그중에 이제 제대가 90일 남았던 서원석이라는 25살의 전경이 그곳에 파견되었다가 중화상을 입어 온몸이 다 불에 타 버리고 의식을 잃었습니다.

　얼마 후에, 의식이 돌아왔는데 그는 살 소망이 없었습니다. 온몸에 붕대를 칭칭 감았으므로 붕대를 감은 글러브 같은 손을 가지고 말을 못 하니까 허공에 글씨를 씁니다.

　"어머니, 아버지 예수 믿으세요."

　잘못 알아보니까 다시 시트에다가 글을 씁니다. 어머니와 아버지가 감동을 받았습니다. 그리고 아들은 얼마 후에 세상을 떠났습니다.

　어머니와 아버지는 철저한 불교인이었고 온 가족이 아무도 예수를 안 믿었지만 엄마가 먼저 교회에 나왔고, 아버지도 완강히 버티다가 교회에 나오게 되고 동생도 교회에 나와, 온 가족이 다 예수를 믿게 되었습니다.

　그 서원석이라는 아들은 마지막 죽는 순간에, 그의 사명은 자기 가족을 구원하는 것이라 믿고 이를 실천한 것입니다.

저들에게 돌리지 마옵소서

나의 달려갈 길과 주 예수께 받은 사명 곧 하나님의 은혜의 복음 증거하는 일을 마치려 함에는 나의 생명을 조금도 귀한 것으로 여기지 아니하노라.
– 행 20장 24절

호주 동북 쪽에 있는 뉴 헤브크레스 제도는 포르투칼 사람 키로스가 17세기에 발견한 것으로 30개의 섬으로 되어 있습니다. 어느 섬에나 사람이 살고 있었으나 주민들은 포악한 식인종이었습니다.

1939년에, 존 윌리암스 선교사가 이 섬을 찾아갔는데 육지에 발을 들여놓자마자 그를 죽였습니다.

다음으로 이 섬에 복음을 전하러 간 해리스 선교사도 맞아 죽고, 세 번째로 간 존 골든 부부는 토인들과 접촉은 하였으나 그들 역시 이들 식인종들에게 잡아먹히고 말았습니다.

네 번째 선교사인 마크 네이어는 병으로 쓰러지고, 수년 후에 존 골든 선교사의 동생이 다시 이 섬에 들어가서 약간 전도를 하며 본토 말을 연구하여 성경을 번역하기 시작하였습니다.

어느 날, 그의 펜이 사도행전 7장의 마지막 부분까지 왔을 때 "급한 환자가 있으니 와 달라."라고 하는 토인의 말을 듣고 문을 열자마자 도끼에 맞아 죽어 이때 그의 피가 곁에 있던 원고지에 튀어 "주여, 이 죄를 저들에게 돌리지 마옵소서."라고 하는 성구를 적셨습니다.

(이 성경 초안은 지금도 캐나다의 일 박물관에 보존되어 있습니다)

하나에 미쳐서 사는 인생

바울이 이같이 변명하매 베스도가 크게 소리하여 가로되 바울아 네가 미쳤도다 네 많은 학문이 너를 미치게 한다 하니. - 행 26장 24절

바울이 가이샤랴 감옥에 있을 때, 베스도라고 하는 총독이 바울을 불러내어 기독교의 복음을 전하는 것을 듣다가 바울을 보고, "바울아, 네가 미쳤도다 네 많은 학문이 너를 미치게 한다."라고 하였습니다. 여기에서 미쳤다는 말은 어떤 한 가지 일에 깊숙이 빠져들어 오직 그 일 하나 밖에 모르는 상태를 이르는 말입니다.

미국에 거지 전도단이 있다고 합니다. 이들은 이상한 복장을 하고 이마와 가슴에, '나는 예수를 위해 미쳤다.'고 하는 글을 이렇게 크게 써 붙이고 다닙니다.
사람들은 이들이 지나가면 눈을 떼지 못하고 한참을 쳐다보다가 그들의 등에 글이 또 쓰여 져 있는데 그 내용은 '너는!' 이렇게 써놓았다고 하는 것입니다. 곧 그 뜻은
"나는 예수를 위해 미쳤는데 너는 무엇에 미쳤는가!"
그렇게 묻는 것입니다.
많은 사람들이 이 물음에 충격을 받았는데 그 이유는 사람들의 대부분이 돈과 술과 음란과 방탕과 도박과 마약에 미친 채로 살아가고 있기 때문인 것입니다. 그러나 이 세상을 사는 모든 사람들은 모두가 다 하나같이 예수에 미치든지, 아니면 세상에 미치든지 둘 중에 하나 밖에 없습니다.

내 몸에 문둥병이 들게

나의 형제 곧 골육의 친척을 위하여 내 자신이 저주를 받아 그리스도에게서 끊어질지라도 원하는 바로라. - 롬 9장 3절

하와이 군도에, 몰로카이라고 하는 섬은 문둥이들만 사는 절망과 죽음의 섬이었습니다. 이곳에 벨기에의 선교사인 다미엔이 불신앙과 절망으로 죽어가는 문둥이들에게 하나님의 복음을 전하기 위해서 왔습니다.

그가 한 번은 문둥이들로부터,

"자기는 건강해서 예수님을 믿지만 우리처럼 문둥이가 되어 살이 썩어 들어가면 예수님을 믿지 못할 것이다."

라는 말을 듣고 하나님께 저들을 전도할 수 있도록 자신도 저들처럼 문둥병이 들기를 위해서 기도했습니다.

다미엔은 그처럼 간절히 기도하고 문둥이의 고름 섞인 피를 자신의 몸에 수혈을 하자, 얼마 가지 않아서 그의 몸도 살이 썩고 문드러져서 썩는 냄새가 나기 시작했습니다. 그는 문둥병에 걸린 자신의 모습을 보면서 하나님께 진정으로 감사를 드렸습니다. 그리고는 나가서 만나는 사람에게 말하였습니다.

"하나님은 문둥병이 걸린 우리들도 지극히 사랑하십니다."

그러자, 비로소 그곳에 있는 모든 문둥이들은 그가 전하는 복음을 받아들이게 되었습니다. 그렇게 해서 절망과 죽음의 섬이었던 몰로카이가 자살자가 없어지고 소망과 생명이 넘치는 섬으로 바뀌어 지게 되었습니다. 그래서 참으로 살기 좋은 평화로운 섬이 되었습니다.

전도를 받고 살아나서

하나님께서 그를 죽은 자 가운데서 살리신 것을 네 마음에 믿으면 구원을 얻으리니. - 롬 10장 9절하

　미국에 이민을 가서 낮에는 열심히 일하고 쉬는 날이면 전도에 열심을 내던 한 집사가 한 번은 주택가를 헤매다가 웅장한 저택 앞에 섰습니다. 그런데 그 집의 벨을 누르고 싶은 견디지 못할 충동을 느껴서 3번이나 연거푸 벨을 눌렀습니다.
　한참 기다리다 또 두 번을 누르지 외국인 주인이 대문 앞까지 나와서 그는 그에게 "예수를 믿으십시오." 라는 그 말만 하고 자기 집의 전화번호가 적혀 있는 전도지를 주었습니다.
　다음날 이 집사에게 전화가 왔습니다. 그녀가 말하기를,
　"그날 여자 집사님이 벨을 누를 때 자기는 천정에 줄을 매고 자살을 시도하고 있었는데 벨이 세 번 울리고 조용해지니까 다시 목에 줄을 걸었는데 또 벨 소리가 들려와서 중단하고 대문에 나와 보았더니 어떤 한국 여자가 전도지를 주면서 예수를 믿으라고 하더랍니다. 그리고 전도지 안에도 '주 예수를 믿으라 그리하면 너와 너의 집이 구원을 얻으리라'고 말씀이 기록되어 있어 죽음을 중단하고 전도지에 적혀 있는 여집사님 집으로 전화번호를 돌리게 되었다."
　라고 하였습니다. 그때 집사는 그분에게 예수 그리스도를 전하여 그가 예수님을 영접하고 구원을 얻게 되었고, 그분도 전도사역을 직접 하게 되었다고 합니다.

전하는 자가 없으니

그런즉 저희가 믿지 아니하는 이를 어찌 부르리요 듣지도 못한 이를 어찌 믿으리요 전파하는 자가 없이 어찌 들으리요. - 롬 10장 14절

쇼키 요코이라는 한 일본인 병사는 2차 세계 대전의 전세가 일본군에게 불리해지자 괌에 있는 한 동굴로 잠적해 버렸습니다. 그는 적에게 목숨을 빼앗길까 두려워 28년 동안이나 그 정글 속에 숨어 살면서 밤에만 나와서 돌아다녔습니다.

이 은둔자는 그 오랜 세월 동안 동굴에서 원시인과 같이 살았습니다. 요코이는 후에, 괌 정글 전역에 뿌려진 전단지를 보고서야 비로소 선생이 끝났음을 알았다고 합니다. 하지만 그는 밖으로 나가면 처형될지도 모른다는 두려움 때문에 주저하고 있었습니다.

그러던 중이었습니다. 두 명의 사냥꾼이 그를 발견하여 더 이상 숨어 있을 필요가 없다고 말해 주었습니다. 그리하여 마침내 요코이는 자유를 얻었고, 새 옷과 음식을 얻었으며, 고향으로 돌아갈 수 있게 되었습니다.

이 병사는 왜 이렇게 28년 동안이라는 긴 세월을 깊은 산속에서 짐승처럼 살아야만 했습니까? 전쟁이 끝났다는 말을 전해 듣지 못했기 때문입니다.

들으려면 누군가가 전해야 합니다. 그러므로 먼저 예수님을 만난 우리들은 예수님을 만나지 못한 자들에게 주님의 복음을 전해야 합니다. 복음을 전하면 듣는 자에게 생명의 소식이 되어 살아납니다.

전도지 한 장의 열매

우리가 선을 행하되 낙심하지 말지니 피곤하지 아니하면 때가 이르매 거두리라. – 갈 6장 9절

어떤 나이 많은 전도사가 기독교서점에서 많은 전도지를 주문하면서 점원에게 힘없이 말했습니다.

"내가 오늘 전도지를 사가는 것이 마지막이 될지도 모르겠습니다. 나는 이제 너무 늙어서 전도지를 들고 다니며 전도를 할 만큼 기력이 없어요. 한 가지 소원이 있다면 그동안 수도 없이 많은 전도지를 나누어주었는데 아직까지 내가 준 전도지를 보고 예수님을 믿게 되었다는 사람을 한 사람도 못 만났어요. 혹이나 그동안 헛수고만 한 것은 아닌지 그것이 못내 아쉽습니다."

그때, 서점의 한쪽에서 책을 고르고 있던 어떤 젊은이가 다가와서는 나이 많은 전도사님에게 아는 체를 했습니다.

"저... 노인께서는 저를 잘 모르시겠지만 저는 노인을 잘 압니다. 10년 전 6월 25일 오후 6시쯤 안산역 앞에서 저에게 전도지를 주셨지요. 전 그 전도지를 읽고 예수님을 영접했으며 제 가족들도 모두 저 때문에 예수님을 믿게 되었고 제 동생은 선교사가 되어 인도에 가 있습니다. 저는 방금 노인이 하시는 말씀을 듣고 노인을 알아 볼 수 있었습니다. 하나님께서 오늘 저를 이곳으로 보내신 것은 아마 노인이 나눠준 전도지 중 적어도 한 장을 어떻게 축복하셨는가를 알려주시려고 하셨는가봅니다."

전도로 주님을 기쁘시게 하면

주께 기쁘시게 할 것이 무엇인가 시험하여 보라. – 엡 5장 10절

구원받은 자의 삶의 목적이 여러 가지가 있겠지만 그 가운데 중요한 것 한 가지는 하나님을 기쁘시게 하는 데 있습니다. 그래서 "주께 기쁘시게 할 것이 무엇인가 시험하여 보라."고 하였습니다.
성경에 보면 구원함을 받은 성도가 주님을 가장 기쁘시게 하는 삶의 모습이 영혼 구원을 위한 모습입니다.

현재 안산에서 목회하고 있는 어느 목회자의 간증입니다. 그는 청년 때 폐병에 걸렸다가 하나님의 은혜로 회복된 후에, 신학을 공부하여 목사가 되신 분입니다(안산제일교회 고훈 목사).
본래 독실한 신앙인이었던 그분은 폐병으로 지방의 어느 요양원에 있었을 때 자기와 같은 처지의 동료 환자에게 예수 그리스도를 믿으라고 전도했답니다. 그랬더니 상대방이 그 날로 믿겠다고 하자 너무 기쁜 나머지 그 날 밤, 잠도 제대로 잘 수가 없더란 것입니다.
그런데 비몽사몽간에, 하나님의 음성이 들려왔습니다.
"너, 정말 기쁘냐?"
"너무 기쁩니다."
그가 감격하며 대답하자 하나님께서 이렇게 말씀하시더랍니다.
"아들아, 네 병이 나았다."
그래서 그는 곧 하산하여 건강하게 되어 지금 안산에서 큰 교회를 이루어 지금도 건강하게 목회하고 계신다고 합니다.

칼을 맞고 죽어 가면서도

내가 나를 관제로 드릴지라도 나는 기뻐하고 너희 무리와 함께 기뻐하리니. - 빌 2장 17절

1866년 9월 2일, 영국의 토마스 선교사가 미국 셔먼호라는 배를 타고 한국 대동강에 들어오던 중, 평양 감사였던 박규수가 셔먼호에 불을 지르자 거기에 탔던 많은 사람들이 대동강에서 익사했고, 토마스 목사도 갖고 갔던 한문 성경을 대동강에 던지면서 소리쳤습니다.

-이 성경이 녹아 흘러가는 물을 마시는 자마다 복음이 들어가게 하옵소서. 이 성경이 녹아 흘러가 땅을 적실 때마다 복음의 땅이 되게 하옵소서.

그는 대동강에 뛰어들지만 잡혀서 사형을 당하게 됩니다. 박춘권이라는 사람이 칼을 들고 그의 몸을 돌 때, 토마스 목사는 성경을 들고서,

"형제여, 예수 예수"

라고 외쳤습니다. 그때 망나니가 칼로 팔을 내려쳤습니다. 다른 손으로 성경을 들고 "예수 예수" 할 때 또 다른 쪽 팔도 내려쳤습니다. 그가, " 오, 형제여 예수 믿으시오." 할 때 망나니는 그의 목을 내리쳤습니다.

후에, 토마스 목사가 대동강에 던졌던 성경을 주운 최치량이라는 아이가 나중에 존 마펫 선교사를 통해서 전도를 받고 장로가 되고, 그 후에 토마스 목사의 목을 쳐 죽였던 박춘권은 김익두 목사의 부흥회에 참석했다가 예수를 영접한 후에 자신의 과거를 회개하면서 자기의 집을 교회에 바치고, 예수를 믿어서 장로가 되었습니다.

중국의 공산당을 들어서

혹은 보좌들이나 주관들이나 정사들이나 권세들이나 만물이 다 그로 말미암고 그를 위하여 창조되었고. – 골 1장 16절하

김진홍 목사의 『중국이 우리를 부른다』라는 책에 기록된 내용입니다.

중국이 1949년 공산화되었습니다. 모택동이 중국을 공산국가로 만들었고 그 사이 엄청난 피 비린내 나는 살육과 전쟁이 있었고, 기독교에 대한 핍박의 역사도 엄청나게 있었습니다. 그런데 현대 기독교 역사학자들이 평가하기를 하나님은 중국의 공산당을 들어 사용하셔서 기적 같은 5대 업적을 남겼다고 보고 있습니다.

1. 북경어(만다린어)를 중국의 표준어로 만들었습니다. 이것은 복음 전파에 엄청난 유익을 주는 매체가 된 것입니다.
2. 중국 역사 이래 가장 넓은 땅을 통일시켰고, 전국 어디에나 자유롭게 다니도록 도로망을 확충하여 놓아 선교사들이 오지나 험한 곳에도 자유롭게 다니게 되었습니다.
3. 1949년부터 1978년 문화혁명이 마무리될 때까지 각종 종교의 미신행위를 근절시키고 공산주의 이외의 사상과 이데올로기를 금지시켰습니다. 이로 인해 기독교 복음이 쉽게 들어갈 수 있게 되었습니다.
4. 교회가 핍박받는 50년 동안 100배(100만 명 전후에서 1억이라는 숫자로)가 성장하는 기적을 만들었습니다.
5. 중국 공산당이 이슬람 세력의 동진을 막는 방패가 되었습니다.

중국을 복음화 시킨 존 성

하나님은 모든 사람이 구원을 받으며 진리를 아는 데 이르기를 원하시느니라. - 딤전 2장 4절

중국을 복음화 시킨 존 성에 관한 일화입니다.

존 성은 유니온 신학교에서 박사학위를 받아갖고 배를 타고 집으로 돌아오는 도중에 잠깐 잠이 들었습니다. 그리고 꿈을 꾸었습니다.

그 꿈속에 자기가 관 속에 누워 있었습니다. 머리에는 박사학위 모자를 쓰고, 몸에는 박사학위 가운을 입고 손에는 박사학위 증서를 든 채 관 속에 누워있는 모습이었습니다.

그는 자신이 박사학위를 받은 것을 우상처럼 여기고 있었습니다. 그러한 그에게 빛 되신 주님이 이런 교만을 알려 주신 것입니다.

그는 깜짝 놀라서 잠에서 깨어났습니다. 그리고 박사학위 모자, 가운 그리고 박사학위 증서를 바다 속으로 던져 버렸습니다. 그리고 엎드려서 기도하였습니다.

"주님, 박사학위를 자랑하려던 마음을 용서하여 주옵소서! 어떻게 살아야 합니까?"

그러자 주님의 빛이 조용히 그에게 임재하였습니다. 그리고 그에게 지구덩어리를 주시며 말씀하셨습니다.

"지구 덩어리에 영혼들이 지옥으로 떨어지고 있다. 그들을 위하여 일하여라."

이후에, 그는 불붙는 전도자가 되었습니다.

너는 말씀을 전파하라

너는 말씀을 전파하라 때를 얻든지 못 얻든지 항상 힘쓰라 범사에 오래 참음과 가르침으로 경책하며 경계하며 권하라. – 딤후 4장 2절

정근모 장로는 과학기술처 장관을 역임하고, 호서대학교 총장, 한국 해비타트 대표로 봉사하고 있습니다. 그의 일화입니다.

정근모 장로에게는 아주 후회스러운 일이 한 가지 있습니다. 그것은 고등학교 동창이자 절친한 친구인 김재익 박사에게 복음 전할 기회를 놓쳐버린 것입니다. 당시에 김재익 박사는 전두환 전 대통령 경제수석 비서관으로 근무하고 있었습니다.

사랑하는 친구에게 꼭 예수님을 소개하고 싶었던 그는 몇 번씩 자리를 만들었지만 그때마다 혹시 면박이나 당하지 않을까 싶어 선뜻 전하지 못했다고 합니다. 김재익 박사가 대통령을 수행해서 동남아로 떠나기 전에 그들은 또 한 번의 만남을 가졌지만 망설이다가 결국 복음을 전하지 못하고 다음 기회로 미룬 채 헤어졌습니다. 그리고 정근모 장로는 중국으로 회의차 출국했습니다.

그런데 중국에 있던 정 장로에게 '아웅산 폭발사건'의 소식이 들려왔습니다. 그러나 그때는 이미 김재익 박사는 이 세상 사람이 아니었습니다. 정 장로는 가장 절친했던 한 친구의 죽음과 예수 그리스도를 전하지 못했다는 자책감에 중국의 한 호텔 방에서 가슴을 치며 통곡해야만 했습니다.

아는 사람은 모르는 사람에게

또 네가 많은 증인 앞에서 내게 들은 바를 충성된 사람들에게 부탁하라 저희가 또 다른 사람들을 가르칠 수 있으리라. – 딤후 2장 2절

어떤 신학교에서 설교학 시간에 설교실습을 하게 되어 어떤 신학생이 처음 실습을 하는 날이었습니다. 그는 자기 순서가 되어 강단에 올라갔으나 긴장이 되어 얼떨결에 입을 연 그는,

"여러분, 지금 제가 무슨 말을 할는지 아십니까?"

라고 했습니다. 모든 청중들은 모른다고 하자 그 학생은 말했습니다.

"여러분이 모르는 것을 제가 어떻게 알겠습니까?"

그리고 그는 강단에서 내려왔습니다. 이에, 화가 난 교수가 다음 날에도 그에게 올라가라고 하자 이 학생은 또 할 말을 잃고,

"여러분, 제가 무슨 말을 할는지 아십니까?"

라고 했습니다. 그때 학생들이 웃으면서 다 안다고 하자 그 학생은 "여러분이 다 아는 것을 제가 말할 필요는 없지요."

라고 말하고 강단에서 내려왔습니다. 화가 난 교수가 그다음 날에도 다시 그를 강단에 세우자 이 학생은 어제와 똑같이 시작하였습니다. "여러분, 오늘 제가 무슨 말을 할는지 아십니까?" 이때 학생들이 안다는 학생도 있고 모른다는 학생도 있자, 그가 말했습니다.

"아는 사람은 모르는 사람에게 전해 주십시오."

그런데 이 말이 이 학교의 전도표제가 되었습니다.

–예수를 아는 사람은 예수를 모르는 사람에게 전해주자.

이것이 전도입니다.

항상 전도에 힘쓰라

너는 말씀을 전파하라 때를 얻든지 못 얻든지 항상 힘쓰라. – 딤후 4장 2절상

R. A. 토리 목사가 영국의 브라이톤이라는 곳에서 전도집회를 가졌을 때 그 전도 집회를 돕는 위원들 가운데 한 명이 식당에서 저녁을 먹게 되었습니다.

그는 자기에게 음식을 주문받고 봉사해 주는 종업원을 대할 때에 어쩐지 그 사람에게 전도를 하고 싶은 생각이 들었는데 그것은 성령께서 그에게 그 종업원을 전도하라고 하는 감동을 강력하게 주셨기 때문입니다.

그러나 그는 생각하기를, '이 식당에 사람이 이처럼 많고 또 저렇게 바쁘게 일하는 종업원에게 어떻게 전도를 하겠는가!' 하면서 나중에 전도하면 되겠다고 했습니다.

그 종업원에게 그처럼 전도하라고 하는 성령의 강권적인 감동과 지시를 외면하고, 밥을 먹고 돈을 치르고 나오는데 그래도 그에게 한마디 전도를 해야 되겠다고 느껴져 그가 밖으로 나오기를 기다리게 되었습니다.

이 모습을 본 식당 주인이 나와서, "혹시 무슨 일로 이처럼 기다립니까?"라고 물었습니다. 그래서 그가 자기에게 봉사해 준 종업원을 기다린다고 하자 침통한 표정을 한 주인이 다음과 같이 말했습니다.

"손님, 이미 늦었습니다. 그 종업원은 손님에게 봉사를 한 후에 이층으로 올라가서 자살하고 말았습니다."

영적으로 깊은 잠이 들어

그러나 너는 모든 일에 근신하여 고난을 받으며 전도인의 일을 하며 네 직무를 다하라. – 딤후 4장 5절

수년 전에 미국의 큰 강, 나이아가라에서 몇 마일 떨어진 곳에 물결을 따라 떠내려 오는 한 가죽배가 강둑에서 잘 보이는 곳에 이르게 되었습니다. 사람들은 한 인디언이 그 가죽배 안에서 잠들어 있음을 보았습니다. 이들은 자기들이 부를 수 있는 최대한의 힘을 다하여 그를 깨우려고 외쳤습니다.

이들은 그가 잠들고 있는 배가 그대로 계속 나아가다가는 이제 곧 나이아가라 폭포에 떨어질 수밖에 없는 것을 잘 알았기 때문입니다. 이들은 강둑을 따라가면서 외쳤지만 아무런 소용이 없었습니다. 그는 깊은 잠에 빠진 것 같았습니다.

가죽배는 점점 속도를 더하며 떠내려가서 마침내는 폭포에 휩쓸려 어디론가 사라진 후에 아직까지도 생사여부가 알려지고 있지 않다고 하였습니다.

구원받지 못한 사람들은 지옥의 폭포가 그 공포의 심연으로부터 울려오고 있는 소리도 듣지 못하고 있습니다. 그것은 마귀가 그들의 영적 상태를 깊은 잠에 들게 해서 깨어나게 하지 못하고 있기 때문입니다.

오늘, 우리들은 이처럼 영적으로 깊은 잠이 들어서 지옥의 불못으로 떨어질 수밖에 없는 사람들에게 때를 얻든지 못 얻든지 이 귀중한 생명의 복음을, 구원의 복음을 담대하게 전하여야 하겠습니다.

1년간 주어진 시한부의 삶

한 번 죽는 것은 사람에게 정하신 것이요 그 후에는 심판이 있으리니.
– 히 9장 27절

　서울 대방동의 대길교회에 허 권사라는 분의 친척 중에 술고래로 소문난 분이 있었는데 이 술고래의 가족들은 대부분 불교 신자이고 초등학교 3학년 된 아들 하나만 예수를 믿었습니다.
　어느 날, 술고래로 소문난 그 사람이 죽었습니다. 그런데 그는 죽어서 임종한 본인을 바라보는 기이한 체험을 하게 되었는데, 초등학교 3학년짜리 아들이 자신의 시체를 감싸고 있고 기도를 쉬거나 게을리 하면 마귀가 나타나서 자신의 시체를 끌어당기고 하는 일이 반복되고 있는 상황에서 하나님의 말씀이 임했습니다.
　"너는 네 아들이 저렇게 기도하고 있으니 세상에 내려가서 1년만 더 살다가 오너라."

　결국, 그는 그 말씀과 함께 죽은 지 이틀 만에 다시 살아났습니다. 고주망태이던 사람이 그다음 주일이 되자, 성경 찬송을 들고 아들과 나란히 교회에 나타났습니다. 그 뒤로 그는 어디에 가나 열심히 전도하였습니다.
　그런데 자신은 어땠는지 알 수 없으나 아내도, 아들도, 친척도, 주위의 사람들도 1년만 살고 오라고 하셨다는 하나님의 음성을 까맣게 잊어버리고 있었습니다. 어느 날, 열심히 전도하며 살던 이분이 잠을 자듯 갑자기 다시 죽었습니다. 죽은 날을 따져보니까 꼭 1년 만이었습니다.

불에서 끌어내어 구원하라

어떤 의심하는 자들을 긍휼히 여기라 또 어떤 자를 불에서 끌어내어 구원하라. – 유 1장 22-23절상

존 웨슬리는 18세기의 영국을 복음으로 변화시킨 위대한 인물입니다. 그의 아버지는 영국 성공회의 목사였습니다. 따라서 웨슬리는 그의 아버지가 목회하는 엡워드 교회 목사관에서 자랐습니다.

1709년 2월 9일 웨슬리가 아직 여섯 살이 채 안되었을 때, 목사관에 큰 화재가 일어나서 목재로 지어진 목사관은 순식간에 불길에 휩싸이게 되었고, 그의 가족은 허겁지겁 불길에서 빠져나왔습니다.

그러나 어린 존 웨슬리는 목사관에서 빠져나오지 못하고 창밖으로 구원을 요청했습니다. 동네 사람들은 위험을 무릅쓰고 사다리를 이용하여 웨슬리를 구해냈습니다. 어릴 때의 이 사건은 그에게 큰 충격을 주었으며 그의 인생에도 지대한 영향을 끼쳤습니다.

한 연구가는 이렇게 말했습니다.
"불타는 집은 멸망하는 세상을 상징한다. 타락한 인간의 영혼은 불에 둘러싸인 어린아이와 같이 하나님의 영원한 진노의 불길에 에워싸여 있다."

한밤중에 불타는 집에서 구출된 웨슬리는 더 무서운 영원한 불길에서 사람들을 건져내야 한다고 생각했습니다. 곧 웨슬리는 이 화재 사건을 통해서 한편으로는 하나님의 심판의 무서움을 깨닫는 동시에 인류 구원의 사명을 강하게 느꼈던 것입니다.

4

천국을 예비하신 하나님의 열심

지옥의 사자와 천사를 보는 사람들

눈의 밝은 것은 마음을 기쁘게 하고 좋은 기별은 뼈를 윤택하게 하느니라.
- 잠 15장 30절

오랫동안 호스피스 생활을 해 오면서 죽음을 앞둔 환자들에게 복음을 전하여 온 이화대학 최화숙 교수의 책에 소개된 사람에 대한 이야기입니다. 최 교수는 『아름다운 죽음을 위한 안내서』라는 책을 썼습니다.

그 책에 보면 그가 복음을 전한 사람들 가운데 김영찬 씨란 분이 있었습니다.

49세 된 김영찬 씨는 밤마다 검은 옷을 입은 사람이 나타나 자신의 이름을 부르며 나오라고 해서 잠을 못 자니까 불안에 못 견디어 각목을 휘두르며 병원 진료를 마비시키곤 했습니다.

이것은 밤에 죽음에 대한 두려움으로 인한 고통에서 나온 행동입니다. 그런데 이분이 교회에 출석하면서 눈이 부시다고 했습니다.

그에게 "무엇이 보이느냐?"고 물으니까, 이렇게 대답하였습니다.

-흰 옷 입은 사람이 머리 쪽과 발 쪽에 와 있다.

-그 사람들은 빛이 나고 어깨에 날개가 달려있다.

그러더니 후에, 평안히 숨을 거두었다고 합니다.

최 교수는 이렇게 말했습니다.

"많은 사람들이 이처럼 내세를 미리 봄으로써 자신뿐 아니라 주변에 있는 사람들까지 보이지 않는 또 다른 세계가 있음을 확신시켜 준다."

오늘 네가 나와 함께 낙원에

회개하라 천국이 가까왔느니라 하였으니. – 마 3장 2절

포악한 노예상인이었던 존 뉴턴은 예수 믿고 변화를 받아 목사가 된 후에, 40여 년 동안 주님의 일을 했습니다. 그렇지만 그의 마음속에는 두려움이 있었습니다.

–아무리 주님이 나의 죄를 다 용서하셨다고 하지만 나 같은 노예상인을 용서하셨을까?

–정말로 나 같은 탕자를 용서하셨을까?

그는 벽에 이사야 43장 4절 말씀을 써 붙여 놓고 그 말씀을 되뇌며 위로를 받았습니다. "내가 너를 보배롭고 존귀하게 여기고 너를 사랑하였노라."(사 43:4).

그는 일생 동안 예수 안에서 구원받고 용서받은 것을 잊지 않으려고 이 말씀을 의지하였습니다. 그리고 82세의 나이로 숨을 거두면서 다음과 같이 유명한 말을 하였습니다.

"나는 지금 하나님 나라로 간다. 그러나 내가 하나님 나라로 가면 아마 세 번 놀랄 것이다.

처음에, 하나님 나라에 오리라고 전혀 기대하지 않았던 사람들이 와 있는 것을 보고 놀랄 것이고,

둘째, 하나님 나라에 가면 반드시 만나리라 기대했던 사람이 안 보이는 것을 보고 놀랄 것이고,

셋째, 노예 상인인 내가 그 자리에 와 있다는 것을 보고 놀랄 것이다."

도대체 천국에는 누가 오는가

심령이 가난한 자는 복이 있나니 천국이 저희 것임이요. – 마 5장 3절

감리교의 창시자인 요한 웨슬리의 꿈 이야기입니다.

웨슬리가 어느 날, 천국에 올라가니 천사가 천국 문을 지키고 있었습니다. 그는 천사에게 물었습니다.
"천국에 들어온 사람들 중에 감리교인은 몇 명이나 되나요?"
천사는 천국에 들어온 사람들의 명부를 한참 동안 뒤져 보더니,
"웨슬리 선생, 미안하지만 감리교인은 한 명도 없군요."
웨슬리는 그 말을 듣고 마음이 무거웠습니다.
"그럼, 장로교인은 몇 명이나 천국에 왔습니까?"
천사는 다시 명부를 훑어보며 대답했습니다.
"장로교인도 없군요."
웨슬리는 매우 실망하고 말았습니다. 그는 천사를 향해서 큰 소리로, "그러면 도대체 천국에는 누가 온단 말입니까?"
라고 물었습니다. 천사가 빙그레 웃으며 말했습니다.
"천국에 온 사람들은 모두가 예수를 믿는 그리스도인들입니다. 이곳은 장로교, 감리교, 침례교, 성결교가 없어요."
그렇습니다. 천국은 감리교, 장로교, 성결교, 침례교와 같이 교파나 교리에 의해서 가는 곳이 아니라 오직 예수 그리스도를 자신의 구주로 믿는 믿음으로만 가는 곳입니다.

핍박을 이길 수 있는

의를 위하여 핍박을 받은 자는 복이 있나니 천국이 저희 것임이라.
– 마 5장 10절

초대교회 당시였습니다. 어떤 어머니와 그녀의 어린 아들이 기독교에 가담했다는 이유로 로마의 원형극장에 던져졌습니다. 그런데 잠시 뒤에 사자굴의 문이 열렸습니다. 굶주린 사자들은 으르렁거리면서 달려오기 시작했습니다. 어린 아들은 무섭게 달려드는 사자를 보고서 어머니의 품에 꼭 안기면서 울부짖었습니다.
"엄마. 무서워요!"
어머니는 아들의 몸을 꼭 안아주면서 조용히 위로해주었습니다.
"애야. 눈을 꼭 감고 조금만 참아라. 그러면 곧 눈앞이 환하게 밝아 올 것이란다."
당시에, 초대교회 성도들은 이처럼 핍박을 받아 감옥에 끌려가면서도, 또 매를 맞으면서도, 심지어는 사자굴 속으로 던져지면서도 기뻐하고 또 기뻐했습니다. 이는 저들의 마음속에 천국에 대한 소망이 충만했기 때문입니다.
그러나 요즘 시대 사람들은 물질문명이 너무나 발달하여 세상적이고 육신적인 것에만 너무 치중하고 집착하여 하늘나라에 대한 소망이 날로 달로 식어져 가는 것만 같습니다. 그렇지만 분명한 것은 인생은 길가는 나그네요, 이 세상은 잠시 거쳐 가는 곳이요, 주님을 믿는 우리에게는 주님께서 예비하신 영원한 본향인 하늘의 거룩한 성 새 예루살렘이 있습니다.

지상의 것을 천상으로 옮겨

너희를 위하여 보물을 땅에 쌓아 두지 말라 거기는 좀과 동록이 해하며 도적이 구멍을 뚫고 도적질하느니라 오직 너희를 위하여 보물을 하늘에 쌓아 두라. - 마 6장 19-20절상

미국에 라이만 비처라는 목사가 있는데 그는 신학교에서 교장까지 지낸 훌륭한 교수였으며, 많은 사람들에게 감동을 주는 위대한 설교가이기도 했습니다. 그는 자녀들도 일곱 아들을 모두 목사로 만드는 은혜를 누렸습니다.

그런데 그가 목소리조차 잘 들리지 않을 정도로 노쇠하게 되었을 때, 한 아들의 교회에서 다음과 같은 간증을 하였습니다.

"여러분, 나는 지난 수년 동안 지상에서 천상으로 이사 준비를 하고 있습니다. 시력도 하늘로 올라가고, 청력도 대부분 올라갔고 체력도 거의 운반이 끝났으며, 목소리도 하늘로 올라가고 있습니다. 이제 나는 저 천국에 아름다운 저택을 장만하고 거기로 이사할 겁니다. 이 지상에는 아무것도 남은 것이 없고 얼마 있지 않아 나도 곧 하늘로 올라갈 겁니다. 나는 이 땅의 집보다 하늘나라의 집을 더 동경하고 있습니다."

그렇습니다. 우리는 이 세상에서의 세월이 끝나면 반드시 저 세상으로 올라가야 합니다. 그러므로 우리들의 재산도, 재능도, 하나님께서 주신 축복도 이 세상에서만 누릴 것이 아니라, 하늘나라로 옮겨 놓아야 합니다.

크로스비의 영혼의 찬송시

동서로부터 많은 사람이 이르러 아브라함과 이삭과 야곱과 함께 천국에 앉으려니와 나라의 본 자손들은 바깥 어두운 데 쫓겨나 거기서 울며 이를 갊이 있으리라. - 마 8장 11-12절

미국 메사츄세츠 주 노스필드에서 부흥회가 열렸을 때 부흥사인 D.L 무디가 화니 크로스비 여사에게 개인적인 간증을 해 달라고 부탁을 하자 크로스비는 좀 주저하다가 조용히 일어나서,
"제가 작사한 찬송가들 중에 아직 발표하지 않은 찬송가(찬송가 608장)가 하나 있습니다. 저 스스로 부르는 찬송이지요. 저는 그 찬송을 '제 영혼의 찬송시' 라고 부릅니다. 이제, '제 영혼의 찬송시' 를 여러분들에게 발표하겠습니다." 라고 하며 그 찬송시를 읽어내려 갔습니다.

1절, 후일에 생명 그칠 때 여전히 찬송 못하나 / 성부의 집에 깰 때에 내 기쁨 한량없겠네 / 내 주 예수 뵈올 때에 그 은혜 찬송하겠네 / 내 주 예수 뵈올 때에 그 은혜 찬송하겠네.
4절, 그 날을 늘 기다리고 내 등불 밝게 켰다가 / 주께서 문을 여실 때 이 영혼 들어가겠네 / 내 주 예수 뵈올 때에 그 은혜 찬송하겠네 / 내 주 예수 뵈올 때에 그 은혜 찬송하겠네.

무디 목사를 비롯한 수많은 청중들은 크로스비의 이 찬송시를 한 구절 한 구절 듣는 순간에 영의 눈이 열려서 천국을 바라보고 사모하며 뜨거운 눈물을 흘렸다고 합니다.

내일 아침에 다시 만납시다

세례 요한의 때부터 지금까지 천국은 침노를 당하나니 침노하는 자는 빼앗느니라. – 마 11장 12절

유명한 피터 마샬 목사가 세상을 떠나실 때의 이야기가 있습니다. 마샬 목사의 임종 시간이 가까워 오자 부인이 눈물을 흘렸습니다. 그때 목사는 빙그레 웃더니, "내일 아침에 다시 만납시다."라는 말을 하면서 숨을 거두었다고 합니다.

부인은 믿음의 용기를 얻어, 『나의 남편은 목사였다』라는 책을 썼으며, 그 책이 베스트셀러가 되었습니다. 그녀는 계속해서 글을 써서 여러 권의 책을 내어 미국의 베스트셀러 작가로 유명하게 되었습니다.

그녀는 책을 쓰게 된 동기를 다음과 같이 말하였습니다.

"남편이 세상을 떠나는 바로 그 순간에 하늘나라를 알게 되었고, 거기에서 받은 영감과 감격이 그녀로 하여금 글을 쓰게 만들었다는 것입니다. 피터 마샬 같은 사람은 죽음에 대해서도 '그저 갑니다. 또 만납시다.' 라고 하며 잠깐의 이별임을 분명히 알았습니다.

그래서 믿는 사람들은 장례식이라고 말하는데 믿지 않는 사람들은 영원히 끝났다고 생각하여 영결식이라고 말합니다. 믿는 사람들의 입장에서 보면 남은 옷가지를 묻는 것이나 마찬가지로 유해를 안장하는 예식일 뿐 영결식이 아닌 것입니다. 우리는 분명히 갔다가 다시 옵니다. 이것은 우리의 신앙이요 주께서 하신 약속입니다."

하늘나라 열린 문 앞에서

그 때에 의인들은 자기 아버지 나라에서 해와 같이 빛나리라 귀 있는 자는 들으라. - 마 13장 43절

찬송가 492장(잠시 세상에 내가 살면서)의 작사 작곡가인 찰스 허치슨 가브리엘(1856-1932, 미국 태생)은 1916년 어느 날, 1차 세계 대전의 발발로 영장을 받고 프랑스 전선으로 떠나는 아들을 전송하기 위해 부두에 나갔습니다.

이때, 아들은 배를 타고 떠나기 직전 아버지에게 눈물의 작별 인사를 했습니다.

"아버지, 만약 제가 돌아오지 못하게 되면 저는 영원한 집에서 아버지를 만나게 될 것입니다."

아들을 배웅하고 돌아오는 기차 편에서 찰스 허치슨 가브리엘은 아들이 들려준 인사말을 생각하면서 '잠시 세상에 내가 살면서' 라고 하는 찬송가(492장)를 지었습니다.

이 찬송가에서 그는 인생의 무상함과 그리스도인의 환희에 찬 비전을 드라마틱하게 대조하면서 그 영광의 나라에 대한 소망을 간절히 노래하였습니다.

곧 이 세상은 순간이며 잠깐 있다 없어지는 안개와 같습니다.(1절) 눈물 골짜기이며(2절), 험한 산과 골(3절), 한숨(4절)이 있는 곳입니다.

그러나 저 나라는 영광(1절)의 복된 날(3절)과 기쁨(4절)이 영원토록 지속되는 곳(2절)입니다.

이렇듯이 본 찬양시에는 강렬한 천국의 소망이 담겨 있습니다.

천국 복음을 전하시는 예수님

내가 다른 동네에서도 하나님의 나라 복음을 전하여야 하리니 나는 이 일로 보내심을 입었노라. - 눅 4장 43절

몰트만 교수는 말하기를, 천국에 대한 소망이 있으면 세상을 다 이긴다고 하였습니다. 바로 그의 이 말은 또한 천국에 대한 소망과 사모함이 없다면, 이 세상에서의 믿음의 삶이 흔들릴 수밖에 없다고 하는 것입니다.

예수님은 자기를 자신의 구주로 믿는 자들에게 영원한 천국인 하나님의 나라, 곧 하늘의 거룩한 성 새 예루살렘(계 21:2)을 우리에게 주시기 위해서 이 땅에 육신의 몸을 입으시고 오셨습니다.

주님께서는 하나님 나라의 복음을 전파해주시고 십자가를 지시고 고난을 당하시고 자신의 보배로운 피를 다 뿌려주시고 죽어주셨습니다. 그리고 죽으신지 삼일 만에 부활하시고 승천하셔서 이 모든 사실을 알고 깨닫고 예수님이 자신의 구주되심을 믿고 구원을 받을 수 있도록 보혜사이신 성령을 부어주셨습니다.

그래서 예수님은 그러한 자신을 자신의 생명의 구주로 믿고 구원을 받아 낙원천국과 천년왕국인 메시야 나라와 천년왕국인 이 메시야 나라가 지난 후에는 영원한 천국인 하늘의 거룩한 성 새 예루살렘(계 21:2)의 주인공들이 될 수 있도록 하신 것입니다.

그러기에 주님께서는 이 땅에 거하시는 동안에도 주로 전하는 메시지의 주제가 하나님의 나라(천국)였습니다.

천사를 보는 사람들

이에 그 거지가 죽어 천사들에게 받들려 아브라함의 품에 들어가고 부자도 죽어 장사되매. - 눅 16장 22절

다이안 켐프(Dr. Diane Kamp)라는 소아종양학과 의사가 있었습니다. 그녀는 의과대학을 졸업하고 처음으로 병원 근무를 나갔을 때 스스로를 무신론자라고 설명했습니다. 그녀는 자신을 일종의 불가지론자로 여겼습니다.

그러나 죽어 가는 어린아이들을 치료하면서 다이안 켐프는 하나님에 대한 부동의 신앙을 갖게 되었습니다.

그녀는 전형적인 경우를 이야기해 주었습니다.

진료를 시작한 지 얼마 안 되어 그녀는 일곱 살 먹은 백혈병 환자를 만났습니다. 안나(Anna)라는 이 아이는 5년 동안이나 백혈병과 싸우고 있었습니다. 이제는 더 이상 병과 싸울 힘이 이 아이에게 없었습니다.

그러나 죽기 직전에 이 작은 소녀는 침대에 일어나 앉아서 주변의 사람들에게 자기가 지금 천사를 보고 있다고 알려 주었습니다.

천사들이 아름답게 노래하고 있는 것을 설명할 때는 그 아이의 얼굴에 행복한 미소가 가득하였습니다. 그 얼굴에 기쁨의 광채를 발하면서 침대에 누운 그 아이는 그러다가 살며시 죽었습니다.

고재봉에게도 보여준 천국

예수여 당신의 나라에 임하실 때에 나를 생각하소서 하니 예수께서 이르시되 내가 진실로 네게 이르노니 오늘 네가 나와 함께 낙원에 있으리라 하시니라. – 눅 23장 42-43절

자신의 부대 대대장 이 중령 가족 6명을 도끼로 무참하게 살해한 고재봉은 전도자를 통해 복음을 듣고 회개하여 예수님을 영접하게 되었습니다.

그는 사형을 언도 받고, 감옥에 수감되어서 예수님을 믿고 나서 사형당하기 전까지 신약 20번과 구약 5번을 읽고 사형당하기 전까지 무려 1천8백 명(전체 재소자 2000명)이나 전도했다고 합니다.

고재봉에게 어느 날 그가 기도하고 있는데 갑자기 하늘에서 음성이 들려 하늘을 쳐다보았더니 천장에서 줄이 내려와서 그 줄을 잡고 한참 올라가다 천사가 내리라고 하여 내려다보았더니 그곳은 바로 지옥으로서 지옥의 참상은 글로 다 표현할 수 없을 정도로 비참하고 참혹하여 천사에게 천국을 보게 해달라고 간청하였습니다.

천사의 인도로 천국 문을 들어서니 그야말로 이 세상 말과 글로는 다 표현할 수 없는 아름다움과 평화와 사랑이 넘치는 그런 곳이라 자기 자신이 서 있기가 너무 민망하여 어쩔 줄 모르고 있는데,

"앞으로 너는 56시간만 지나면 이곳으로 올 것이라."

라고 천사가 이야기해 주었습니다.

실제로 그는 그 후에, 천사의 말대로 56시간 만에 수색 사형장으로 끌려 나가서 사형을 당하였습니다.

죽은 자가 살아남으로 입증된 천국

유대인의 큰 무리가 예수께서 여기 계신 줄을 알고 오니 이는 예수만 위함이 아니요 죽은 자 가운데서 살리신 나사로도 보려 함이러라. – 요 12장 9절

죽은 지 이미 사흘이 된 나사로를 예수님이 다시 살아나게 하자 많은 유대인들이 죽은 나사로를 살려내신 예수님과 죽은 자 가운데서 살아난 나사로도 보고자 하였습니다. 그들이 나사로의 집에 몰려왔다가 나사로 까닭에 많은 유대인들이 가서 예수님을 믿게 되었다(요 12:11)고 하였습니다.

채필근 목사가 어릴 때, 한 동네에 사는 김 씨 부인이 세상을 떠났습니다. 장례 준비가 잘 안되어서 사흘 만에 재목을 구하여 관을 짰는데 다음날 옷을 입히고 입관을 하려 하는데, 죽었던 김 씨 부인이 일어나더니 물을 찾았습니다. 김 씨 부인은 살아나서,
"큰 강물이 있어 다리를 건너는데 좌우에 흰 옷 입은 사자가 잘 보호해 주었다. 그중 한 사자가 너는 아직 올 때가 못 되었으니 가서 예수 잘 믿고 잘 준비해 가지고 오너라."
라고 말해 주었습니다. 그러자 이 소문이 퍼져서 백 리 밖에서까지 김 씨 부인을 구경하러 와서 30명이 모이던 교회가 100여 명이 모이는 교회로 성장했습니다.

바로 그들은 이 사건을 통해서 예수 안에서 구원을 받은 자들은 천국에 갈 수 있다고 하는 사실이 분명하게 믿어졌기 때문입니다.

무디의 천국입성가

너희는 마음에 근심하지 말라 하나님을 믿으니 또 나를 믿으라 내 아버지 집에 거할 곳이 많도다. - 요 14장 1-2절상

19세기의 위대한 부흥사 D. L. 무디의 임종의 모습에 대한 기록입니다. 1899년 12월 22일 금요일 아침, 부흥사 무디의 아들 윌이 아버지의 방에서 들리는 소리가 나서 급히 방문을 열고 아버지 방으로 가니 그의 아버지인 무디가

"대지가 물러간다. 내 눈 앞에 하늘이 열려 있다."

라고 했습니다. 무디는 마지막으로 숨을 거두면서 윌에게 다음과 같은 말을 전했습니다.

"윌아, 이것은 꿈이 아니란다. 참으로 아름답고 황홀하구나. 이것이 정녕 죽음이라면 무엇이 두려울 것이 있겠느냐?

이곳에는 골짜기가 없어. 하나님이 나를 부르시고 계신다. 나는 승리하였단다.

오늘은 내가 면류관을 쓰는 날이지. 나는 수년 동안 그 면류관 쓰기를 고대하고 있었단다. 벌써 마차가 방 안에 와 있다. 나는 이제 천국으로 간다."

참으로 무디는 주님께서 그를 위해서 천사를 보내서 그를 데려가려고 준비하는 것을 본 것 같습니다. 그래서 자신이 이제 천국으로 간다고 확신하였습니다. 그는 환한 미소를 지으며 마지막으로 그 아들에게 이와 같은 말을 남기고 하늘나라로 갔습니다.

오직 예수 밖에 없다

예수께서 가라사대 내가 곧 길이요 진리요 생명이니 나로 말미암지 않고는 아버지께로 올 자가 없느니라. – 요 14장 6절

한국의 소크라테스라고 하는 박종홍 교수에게 있었던 일화입니다.

서울대 교수로 재직하면서 박정희 대통령의 철학적 자문을 해 주시던 박학다식했던 분입니다. 특히 진리를 사랑하고, 인격적으로도 훌륭해서 많은 사람들이 존경했습니다.

이분이 국민교육헌장을 만들었습니다. 그는 1976년에 세상을 떠나게 되었는데, 그의 임종이 가까워졌던 어느 날, 제자가 찾아와서 위로하였습니다. "선생님, 극락세계에서 영생하셔야지요."

박종홍 교수가 그에게 대답하기를, "아니야, 극락이 보이질 않아. 앞이 캄캄할 뿐이야." 제자는 난감했습니다. 박 교수가 극락으로 가야 하는데, 눈앞이 캄캄하다고 하니, 제자가 더 걱정이 되었습니다.

"선생님, 그러면 예수 믿어 보십시오." 이 말에 그는 예수를 믿기로 작정하고 새문안교회의 강신명 목사를 초청해서 요한복음 3장 16절의 말씀을 읽고, 세례 받고 세상을 떠났습니다. 그래서 그는 마지막 유언으로 기독교식으로 장례해 달라고 했습니다.

뛰어난 인격과 성실한 그의 인품이 많은 사람의 존경과 사랑을 받았지만, 그것 가지고 천국 갈수 있는 것은 아니었습니다. 성경이 증거하는 대로 천국으로 갈 수 있는 길은 오직 예수 밖에는 없는 것입니다.

지옥백성을 천국백성으로

사탄의 권세에서 하나님께로 돌아가게 하고 죄 사함과 나를 믿어 거룩케 된 무리 가운데서 기업을 얻게 하리라 하더이다. - 행 26장 18절

최화숙 교수의 『아름다운 죽음을 위한 안내서』라는 책에서 최 교수가 복음을 전한 사람들 가운데 김연준 씨란 분이 있었습니다. 그에 관한 이야기입니다.

그는 회사를 세 개나 경영했는데 간암의 말기에 접어들어 죽음의 때가 가까워 오자 누워 무릎을 세운 채 와들와들 떨었습니다. 이빨 부딪치는 소리가 들릴 정도였습니다. 몹시 무서워 공포에 질린 모습이어서,
"무엇이 그렇게 무서우세요?"
라고 물었습니다.
"지옥에 갈까 봐서요."
"그럼, 지옥에 안 가는 법을 가르쳐 드릴까요?" 최 교수의 질문에 그가 고개를 끄덕였답니다. 지옥의 공포로 떠는 그에게,
"예수님이 우리 죄를 대속하기 위해서 십자가에 피 흘려 죽으셨다가 3일 만에 부활하셨고 누구든지 어떤 죄인이라도 예수를 믿고 영접하면 지옥 가는 대신 천국에 간다."
는 것을 일러주고 예수님을 영접하게 하였더니 안심하고 온 몸이 풀렸습니다. 그리고 빛이 보인다고 말하며, 지옥에 안 가는 법을 알려 주어서 너무나 감사하다는 말을 꼭 전해 달라고 부탁하고서 숨을 거두었습니다.

예수님이 죽으셨다가 부활하신 이유

죄의 삯은 사망이요 하나님의 은사는 그리스도 예수 우리 주 안에 있는 영생이니라. - 롬 6장 23절

　예수님께서 이 땅에 인자의 모습으로 오셔서 십자가에 못 박혀 죽으셨다가 부활하신 이유는 창세기 3장의 선악과 사건으로 인하여 모든 인생들이 하나님 앞에서 다 죄인이 되었기 때문입니다.
　인간은 그 죄로 말미암아 죄의 종이 되고, 공중의 권세를 잡은 마귀의 종이 되어서 하나님의 진노 아래 살아갑니다. 그리고 언제라도 이 세상을 떠날 때에는 천국에 가지 못하고 영원한 지옥에서 멸망할 수밖에 없습니다. 예수님은 죄인 된 인생을 구원해주십니다.

　우리의 구원을 위하여 예수님께서는 천국에 대해서도 증거하고 계시지만 지옥에 대해서는 더욱 많이 증거 하셨습니다. 성경은 계속해서 지옥이라고 불리는 장소에 대해서 경고하고 있습니다.
　지옥에 대한 경고는 신약성경에서만도 162번이 넘습니다. 이 중에서 70번 이상은 우리 주 예수님께서 직접 말씀하신 것입니다.
　그러므로 하나님의 아들이신 예수님이 이 땅에 죄 없는 육신의 모습으로 구원자로 오신 가장 중요한 이유와 목적은 죄로 인하여 지옥에 갈 수밖에 없는 인생들을 그의 피로 구원하여 천국으로 갈 수 있도록 하시려는 것입니다(요 3:16).

어떠한 재료로 세울 것인가

만일 누구든지 금이나 은이나 보석이나 나무나 풀이나 짚으로 이 터 위에 세우면 각각 공력이 나타날 터인데 그 날이 공력을 밝히리니.
- 고전 3장 12-13절상

밴 다이크는 유명하고 풍자적인 이야기를 했습니다.

로마의 어떤 부자가 천국의 여기, 저기를 구경하게 되는 중에 한 곳에 와보니 참 아름다운 집이 있었습니다. 아주 멋진 집이었습니다.
부자는 깜짝 놀라면서 천사에게 물었습니다.
"도대체 이 집이 누구 집이요."
"당신이 거느리고 있었던 당신 종의 집이오." 천사가 대답합니다.
"그럴 수 없습니다. 어떻게 그 사람이 천국에서 이런 집을 소유할 수 있겠습니까?" 부자가 이렇게 말하자, 천사가 대답합니다.
"천국에는 실수가 없습니다. 천국에는 오류가 있을 수 없습니다. 우리는 땅에서 그가 보낸 재료로 이 집을 지었습니다."
한참을 더 가다 보니 무척이나 낡고 허술한 집이 한 채 보였습니다. 이 집 앞에서 깜짝 놀라며 부자가 누구의 집이냐고 물었습니다.
"당신의 집이오."
부자는 반문했습니다.
"그럴 수 없습니다. 어떻게 이 집이 내 집일 수 있겠습니까?"
천사가 다시 대답합니다. "천국은 오류도, 실수도, 착각도 없습니다. 이 집은 당신이 보낸 그 재료로 지어진 집입니다."

보이지 않지만 영원한 것

우리의 돌아보는 것은 보이는 것이 아니요 보이지 않는 것이니 보이는 것은 잠깐이요 보이지 않는 것은 영원함이니라. – **고후 4장 18절**

어떤 두 소녀가 바닷가에 가서 다정스럽게 함께 조개를 줍고 있다가 큰 조개가 나타나서 두 소녀가 거의 동시에 손을 내밀어 조개를 손으로 잡았기 때문에 서로 간에 양보를 하지 않았습니다. 결국은 고집 센 소녀가 조개를 차지하게 되어 조개를 빼앗긴 소녀의 마음은 언짢아서 서로 갈라서서 조개를 줍게 되었습니다.

그런데 잠시 뒤에 조개를 빼앗겼던 소녀의 눈앞에 진주조개가 있어 그녀는 얼른 그 진주조개를 소유하게 되어 그의 언짢았던 마음도 눈 녹듯이 사라졌습니다.

그래서 그녀는 자기 친구에게 가서 다시금 같이 다정스럽게 이야기하며 조개를 주워 나가다가 눈앞에 아까보다도 더 큰 조개가 눈에 띄여도 탐내지 않고, 그것을 자기 친구에게 양보해 줍니다. 그녀의 가슴에는 더 크고 더 좋은 진주조개가 있기 때문입니다.

주님은 우리를 위해서 영원한 천국인 하늘의 거룩한 성 새 예루살렘(계 21:2)을 예비해 주셨기 때문에 우리는 이처럼 영원한 천국을 마음에 품고 이를 늘 바라보고 사모하며 살아가는 사람들입니다.

그러므로 우리는 잠시 잠깐 있다가 사라질 세상의 부귀, 명예, 권세 등에 너무 집착하지 맙시다.

가족의 죽음에도 감사한 이유

만일 땅에 있는 우리의 장막 집이 무너지면 하나님께서 지으신 집 곧 손으로 지은 것이 아니요 하늘에 있는 영원한 집이 우리에게 있는 줄 아나니.
- 고후 5장 1절

'주부편지' 2018년 7월호에 수록되어 있는 글입니다.

남편은 남자고등학교 교장이고, 아내는 여자중학교 교장인 어느 가정의 이야기입니다. 정말 세상적으로 볼 때 그 어느 것 하나 부러울 것이 없는 사람들이었습니다. 오히려 그들이 갖고 있는 것을 자랑할 만한 가정이었습니다.

그런데 지난해 늦가을, 중고교 교장들의 세미나에 참석했다가 남편 되는 분이 갑자기 심장마비로 죽고 말았습니다. 그러나 그 부인은 하나님께 감사한다고 하였습니다.

그것은 그 남편이 죽기 두어 달 전, 누구의 권면도 받지 않고 그들 스스로가 교회에 나가서 예수님을 자신의 구주로 믿었기 때문입니다. 그리고 그 남편은 예비 된 하늘나라에 들어갔으리라는 확신이 생기자 그녀의 슬픔은 감사와 기쁨으로 바뀌었던 것입니다.

그리고 그 남편의 느닷없는 죽음은 친척과 자녀들에게도 삶의 덧없음을 깨우쳐 주게 되어 그들 모두가 예수 안에서 살아가고 있노라고 하였습니다.

분명히 존재하고 있는 천국

우리가 담대하여 원하는 바는 차라리 몸을 떠나 주와 함께 거하는 그것이라 그런즉 우리는 거하든지 떠나든지 주를 기쁘시게 하는 자 되기를 힘쓰노라. - 고후 5장 8-9절

성경에 보면 사도 바울은 우리 주님의 특별하신 은혜로 셋째 하늘인 낙원천국에 갔다 온(고후 12:2-4) 사람입니다.

낙원을 체험하고 난 바울은 자기가 보고 들은 천국의 그 아름다움과 영광을 인간의 말로서는 다 나타낼 수 없다고 증거 하였습니다. 그래서 그는 자신이 "원하는 바는 차라리 몸을 떠나 주와 함께 거하는 그것이라."(고후 12:2-4)라고 하였습니다.

어떤 여인이 남편을 병으로 잃고 외아들마저 교통사고로 잃었습니다. 거기에다가 엎친 데 덮친 격으로 엄청난 빚까지 짊어지게 되었습니다. 그래서 그녀는 하나님께 부르짖어 간구하였습니다.

"하나님, 저에게 단 5분만이라도 하늘나라를 보여주십시오. 그리하면 제가 이 고통을 견디겠나이다."

이때 하나님께서 감동으로 그분에게 말씀하십니다.

"애야, 내가 네게 하늘나라를 보여주면 너는 지상에서 단 일초도 더 살고 싶은 생각이 없게 된다. 고통을 참고 견뎌라. 하늘나라는 반드시 있단다."

그분에게는 이것이 위로가 되어 소망 중에 그에게 임한 고통을 잘 견디었다고 합니다.

인간의 말로 다 나타낼 수 없는

그가 낙원으로 이끌려 가서 말할 수 없는 말을 들었으니 사람이 가히 이르지 못할 말이로다. - 고후 12장 4절

13세기 이탈리아의 유명한 탐험가였던 마르코 폴로는 그 당시 미지의 세계였던 중국으로 건너와서 17년 동안 살았습니다. 그 뒤에, 조국으로 돌아가서 '동방견문록'이라는 유명한 책을 썼습니다.

세월이 지나서 그가 임종하게 되었을 때, 그의 친구들이 찾아와서는 이렇게 다그쳤습니다.

"자네는 그 책에서 도무지 우리가 믿을 수 없는 이야기들만 잔뜩 기록해놓지 않았나? 이제라도 진실을 밝혀주면 좋겠네. 그 책의 모든 내용이 상상에 의해서 꾸며졌다는 사실을 말일세."

그때 그는 이렇게 말했습니다.

"아닐세. 내가 책에 쓴 것은 모두 진실일세. 사실 나는 내가 보고 겪었던 것의 절반도 채 기록하지 못했다네."

그렇습니다. 천국도 마찬가지입니다. 주님의 특별하신 은혜로 셋째 하늘인 낙원천국을 갔다 온 바울은 낙원천국의 아름답고 영광스런 실상은 우리 인간의 말로서는 가히 나타낼 수 없는 곳이라고 하였습니다.

성경을 보면 주님께서도 거듭거듭 천국에 대해서 말씀해 주셨습니다. 그러기에 우리는 주님께서 예비하신 영원하신 천국을 늘 사모하고 바라보며 그 나라에 보화를 쌓으며 천국복음을 늘 담대하게 증거하는 삶을 살아야 하겠습니다.

심은 대로 거두게 하시는 하나님

<u>스스로 속이지 말라</u> 하나님은 만홀히 여김을 받지 아니하시나니 사람이 무엇으로 심든지 그대로 거두리라. – 갈 6장 7절

'월간 목회' 1997년 10월호에 나와 있는 내용입니다.

영등포에 있는 어떤 교회의 장로는 1954년도에 값비싼 고급 애완견을 200마리 키우고 있었습니다. 마침 교회가 성전건축을 하게 되자 개 한 마리 값을 성전건축헌금으로 드렸습니다.

그런데 그날 밤, 그 장로가 천국에 가는 꿈을 꾸었는데 과연 천국은 듣던 대로 얼마나 좋은 곳인지 눈이 휘둥그레졌습니다. 장로는 천사들의 안내를 받아 어떤 방으로 들어가게 되었습니다.

그 방에는 금과 은과 각종 보석으로 장식된 면류관이 수북하게 쌓여 있어서 천사는 그 많은 면류관 중에 그에게 맞는 것을 하나 골라 써보라고 했습니다.

장로는 가장 좋아 보이는 면류관을 하나 집어 써보아도 맞지 않았습니다. 계속해서 이것저것 다 써보았으나 하나도 맞는 것이 없었습니다. 그런데 구석에 개털모자가 하나 있어 써보았더니 의외로 꼭 맞자 천사가 말하기를, '이것이 당신이 쓸 면류관이라' 고 했습니다.

이 장로가 소스라치게 놀라 잠에서 깨어보니 온 몸에 식은 땀이 범벅이 되어 흐르고 있었다고 합니다. 이 꿈을 통해서 그는 통회자복하고 목사님께 가서 용서를 빌고, 자신의 재산의 절반인 개 100마리를 바치겠다고 말했습니다.

하루살이와 메뚜기-우화

너희 마음 눈을 밝히사 그의 부르심의 소망이 무엇이며 성도 안에서 그 기업의 영광의 풍성이 무엇이며. – 엡 1장 18절

하루살이와 메뚜기가 친구가 되어 정답게 놀고 있었습니다. 어느덧 해가 지는 저녁이 되자 메뚜기는 하루살이에게 말했습니다.

"얘, 하루살이야. 오늘은 이만 놀고 내일 다시 놀자."

이 말에 하루살이는 눈이 휘둥그레졌습니다. "얘, 메뚜기야. 내일이라는 게 뭔데?" 메뚜기는 열심히 내일에 대하여 설명하려 했습니다.

"캄캄한 밤이 지나고 나면 동쪽에서부터 밝은 빛이 나오고, 그 밝은 빛이 나오면 찬란한 아침이 있는 그때가 내일이라는 거야."

그러나 아무리 설명을 해 주어도 하루살이는 내일을 살아본 적이 없기 때문에 메뚜기의 말을 도저히 이해할 수가 없었습니다.

"너의 말은 도무지 이해가 안 돼. 너는 지금 나에게 거짓말을 하는 것이 틀림없어. 너하고 다시는 안 놀아."

하루살이가 이처럼 화를 내며 가버리자, 메뚜기는 "내일이란 틀림없이 있는데…"라고 하며 중얼거렸습니다.

내일의 천국이 있다는 것을 모르는 사람들은 하루살이와 같이 이 땅에서의 삶이 전부인 줄 알고 이 땅의 것에만 애착을 갖지만 예수 안에서 영의 눈이 열린 사람들은 곧 천국을 바라보고 믿는 사람들은 이 땅에 대한 애착을 버리고 영원한 것을 사모하고 살아갑니다.

천국을 사모하는 신앙

이는 하나님의 공의로운 심판의 표요 너희로 하여금 하나님의 나라에 합당한 자로 여기심을 얻게 하려 함이니 그 나라를 위하여 너희가 또한 고난을 받으리니. – 살후 1장 5절

김일성이 함경도 어느 마을에 시찰을 가게 되어서 급하게 길을 만들기 위해서 아스팔트를 깔려고 하는데 갑자기 푹 빠지는 곳이 있었습니다. 알고 보니 지하교회로서 김태용 목사와 20여 명의 성도들이 수십 년을 굴속에서 살면서 신앙의 자유의 그날을 기다리며 살고 있었습니다.

그들은 수십 년 동안 이발을 하지 못하여 꼭 원시인 같았습니다. 공산당들은 성도들을 위협하면서,

"예수 믿기를 포기하면 살려주고 그렇지 않으면 죽이겠다."고 하면서 선택을 요구하였으나 그들은 모두가 다 순교를 하자고 말했습니다. 먼저 13살, 14살 된 아이들을 부모들 앞에서 목을 매어 죽였습니다.

그 모습을 보면서 부모들은,

"조금만 더 참아라. 우리도 갈 테니 천국에서 만나자!"

라고 목메어 말했습니다.

아이들을 다 죽이자 이번에는 어른들 차례였습니다. 공산당들은 어른들을 아스팔트 누르는 롤리로 한 명씩 차례로 죽였습니다. 머리부터 눌러 죽이면 고통이 금방 끝날까 봐 발부터 눌러 죽였습니다.

그들은 이때, "내 구주 예수를 더욱 사랑"(찬송가 314장)을 부르면서 "이제 아버지를 만나러 간다."라고 하면서 감격해하였습니다.

영혼의 닻과 같은 천국의 소망

우리가 이 소망이 있는 것은 영혼의 닻 같아서 튼튼하고 견고하여 휘장 안에 들어가나니. - 히 6장 19절

1996년 11월 3일자 조선일보에 '13억 기증, 서울 맹아학교 장학재단 설립'이라고 하는 제목의 기사가 실렸습니다.

내용인즉 59살 난 정씨 성을 가진 한 변호사가 삼풍백화점 붕괴사고로 세 명의 딸을 일시에 잃었습니다. 큰 딸이 초등학교 4학년 때 실명해서 맹아학교를 거쳐서 단국대 특수교육학과를 졸업하고 대학을 마치고 미국의 버클리 대학에 유학을 가 전과목을 A학점, 우수한 성적으로 마치고 3년 만에 귀국해서 그의 모교인 서울 맹아학교의 선생이 되어서 가르치기를 1년 동안 했는데 삼풍백화점 붕괴사고로 세상을 떠난 것입니다.

그때, 태국 미얀마에서 해외 선교사로 일할 예정인 셋째 딸도 함께 죽었습니다.

그렇지만 그들 부부는 실망하지 않았습니다. 전 가족이 하나님을 의지하는 믿음의 사람이었고, 천국에 대한 약속, 그리고 사랑하는 사람들을 그곳에 가면 다시 만날 수 있다는 믿음을 그는 마음에 간직하였습니다. 그들은 유족 보상금으로 받은 6억 5천만 원과 자신이 갖고 있는 부동산을 처분한 7억, 그래서 13억 원을 큰딸이 재직했던 맹아학교에 장학금으로 내놓았습니다.

돌아갈 고향이 없는 사람들

이 사람들은 다 믿음을 따라 죽었으며 약속을 받지 못하였으되 그것들을 멀리서 보고 환영하며 또 땅에서는 외국인과 나그네로라 증거하였으니 이같이 말하는 자들은 본향 찾는 것을 나타냄이라. - 히 11장 13-14절

1980년 3월, 프랑스 파리의 부르셀 병원에 한 세기를 떠들썩하게 했던 존경받는 지성인이 폐수종으로 입원해 있는 한 달 동안 문자 그대로 발악을 했습니다.

그러면서도 그는 죽음에 대한 불안과 공포 때문에 자기의 병명이 무엇인지를 아내에게도 묻지 못했고 아내조차도 그의 병명을 말하지 못했습니다. 소리치며 괴로워하고 있는 남편의 곁에서 위로조차 하지 못하고 지켜보아야만 했던 이 불쌍한 여인과 그 사람!

그는 한 세기에 가장 커다란 발자취를 남겼던 실존주의 철학자 사르트르였습니다. 이것이 그의 말로였습니다.

1980년 4월 16일, 그는 입원한 지 한 달 만에 병원에서 그렇게 세상을 떠났습니다. 그가 세상을 떠나고 난 후, '사르트르가 왜 그렇게 죽어야 했는가?', '죽음으로부터의 자유를 그렇게도 외쳤던 그의 말로가 이렇게 비참했던 이유가 무엇인가?'에 대해 각 언론이 떠들기 시작했습니다. 그때 어떤 독자가 한 신문사에 이런 기사를 투고했다고 합니다.

"그는 아마도 비그리스도인이었는지 모릅니다. 사르트르의 말로가 그렇게도 비참했던 이유는 그에게 돌아갈 고향이 없었기 때문입니다." 그렇습니다. 그에게는 돌아갈 고향이 없었기 때문입니다.

하늘의 본향을 더욱 사모하라

저희가 나온 바 본향을 생각하였더면 돌아갈 기회가 있었으려니와 저희가 이제는 더 나은 본향을 사모하니 곧 하늘에 있는 것이라.
- 히 11장 15-16절상

그리스도인에게는 두 곳의 고향이 있습니다. 한 곳은 이 땅 위에 있는 육신의 고향이고, 또 한 곳은 하늘에 있는 영원한 고향인 '하늘의 본향'(고후 5:1-2)입니다.

그러나 믿는다고 하면서도 성령의 소욕보다 그들 속에 있는 육신의 소욕이 더 강한 사람들은 이 세상의 땅의 영광에 취해 영원한 하늘의 본향인 하늘의 거룩한 성 새 예루살렘(계 21:1-27)을 잊어버립니다. 그래서 그들은 이 땅에 있는 세상적이고, 육신적인 것에만 취하고 언젠가는 무너지고 망하고 불탈 수밖에 없는 바벨성'(계 18:1-19)을 쌓느라고 세월을 다 보냅니다.

성경에 소개된 위대한 신앙의 선진들은 달랐습니다.
"땅에서는 외국인과 나그네로라 증거하였으니 이같이 말하는 자들은 본향 찾는 것을 나타냄이라 저희가 나온 바 본향을 생각하였더면 돌아갈 기회가 있었으려니와 저희가 이제는 더 나은 본향을 사모하니 곧 하늘에 있는 것이라 그러므로 하나님이 저희 하나님이라 일컬음 받으심을 부끄러워 아니하시고 저희를 위하여 한 성을 예비하셨느니라."(히 11:13-16)

그들은 육신의 본향보다 하늘의 본향을 더욱 사모하였습니다.

열심히 일하고 오라

네가 죽도록 충성하라 그리하면 내가 생명의 면류관을 네게 주리라.
- 계 2장 10절하

한국 교회에서 역사적으로 재건파는 고신파보다 더 보수파였습니다.

재건파 교회에서 교회학교 교사의 일을 하던 한 청년이 이대로는 안 되겠으니 지옥이든, 천국이든 한 번 체험하게 해주시라고 간절히 기도했습니다.

그는 날마다 기도했는데 어느 날 위에서 큰 발이 내려오더니 그를 데리고 올라갔습니다. 그는 지옥을 3일 동안 구경하고 되돌아왔습니다. 그는 지옥체험 후에 자기를 방문한 마귀도 싸움 끝에 떼려 눕히고 천사의 방문도 받았습니다.

그러다가 나중에 천국체험도 하게 되었습니다. 그가 천국 문으로 한참 들어가니 30대의 거룩한 청년 같은 분이 일어서시면서 이렇게 말씀하시는 것이었습니다.

"내가 너를 기다렸다. 앞으로 네가 무엇이든지 마음만 먹으면 그대로 될 것이다. 열심히 일하고 오라."

그는 천국에서 예수님을 만난 후에, 방언을 하고 병도 고치고, 열심히 전도도 했습니다. 혼자서 서울 시내를 돌아다니면서 전도했는데 억지로 한 것이 아니라 성령 충만하니까 그냥 전도가 되었습니다. 예장대신 교단에서 총회장을 역임하고 한국중앙교회를 섬기는 최복규 목사가 그 주인공입니다.

순교의 열망을 가진 어린 씨릴

내가 속히 임하리니 네가 가진 것을 굳게 잡아 아무나 네 면류관을 빼앗지 못하게 하라. - 계 3장 11절

씨자리아 태생인 성 씨릴이 아주 어릴 적에 그리스도인이 되자 우상숭배자인 아버지가 그를 몹시 핍박하고, 그를 집에서 쫓아내자 씨릴이 살고 있던 마을의 재판관이 그 소식을 듣고 그를 불러들였습니다.

재판관은 씨릴을 활활 타오르는 불 앞으로 데려가서는

"지, 지 활활 다오르는 불을 보아라. 만약 네가 예수의 이름을 부르지 않고 버리겠다면 넌 살 수 있고 또한 너의 아버지의 재산도 모두 물려받을 수 있게 된단다."

라고 하였습니다. 그러자 씨릴이 대답하였습니다.

"저는 활활 타오르는 불길도, 날카로운 칼도 전혀 두렵지 않습니다. 나는 이곳에서 물려받을 수 있는 재산보다는 더 영원히 오래 갈 수 있는 재산을 원합니다. 하나님께서 반드시 나를 받아주실 것이라고 믿습니다. 나를 빨리 죽게 해주세요. 하나님 곁에 가서 그분과 함께 살고 싶습니다."

어린 씨릴이 이같이 말하자 주위에 있던 모든 사람이 감격하여 울 때,

"여러분, 저 때문에 울지 마시고 기뻐해 주십시오. 제가 이 고통을 견뎌내고 제가 그렇게도 가고 싶어 하던 곳에 갈 수 있도록 도와주세요. 저에게 용기를 주시기 바랍니다."

라고 말한 뒤에, 그 자리에서 죽음을 진정으로 기뻐하며 의연히 맞아들였습니다.

영의 눈이 열려서 천국을 바라본다

흰 옷을 사서 입어 벌거벗은 수치를 보이지 않게 하고 안약을 사서 눈에 발라 보게 하라. - 계 3장 18절하

화니 크로스비 여사는 생후 6주 만에 그의 두 눈이 모두 앞을 볼 수 없는 소경이 되었습니다. 그러나 그는 그리스도 예수 안에서 성령의 충만한 은혜로 영의 눈이 활짝 열렸습니다. 그래서 그녀는 영의 눈으로 천국을 보면서, 찬송가 240장에도 소개되고 있는 하늘의 거룩한 성 새 예루살렘을 증거 하는 찬송시를 지었습니다.

1. 주가 맡긴 모든 역사 힘을 다해 마치고 밝고 밝은 그 아침을 당할 때 요단강을 건너가서 주의 손을 붙잡고 기쁨으로 주의 얼굴 뵈오리.
2. 구름 타고 올라가서 주님 앞에 절하고 온유하신 그 얼굴을 뵈올 때 있을 곳을 예비하신 크신 사랑 고마와 나의 주께 기쁜 찬송 드리리.
4) 영화롭게 시온성문 들어가서 다닐 때 흰 옷 입고 황금길을 다니며 금거문고 맞추어서 새 노래를 부를 때 세상 고생 모두 잊어버리리.
후렴) 나의 주를 나의 주를 내가 그의 곁에 서서 뵈오며
　　　 나의 주를 나의 주를 손에 못자국을 보아 알겠네.

자기는 소경이 되어서 육신의 눈은 감겼지만 영의 눈이 열려서 하늘의 거룩한 성 새 예루살렘을 바라보고 이를 증거하고 찬송하여 수많은 사람들의 영의 눈을 뜨게 해주어서 그들도 눈을 들어 하늘의 거룩한 성 새 예루살렘을 바라볼 수 있도록 하였습니다.

천국에서 들었던 주님의 질문

이기는 그에게는 내가 내 보좌에 함께 앉게 하여 주기를 내가 이기고 아버지 보좌에 함께 앉은 것과 같이 하리라. - 계 3장 21절

박용규 목사(총신대학원의 신학교수, 목회자)가 1987년 12월 19일 오후 2시 30분에 고혈압으로 쓰러져 1987년 12월 30일 10시경 심장의 고동소리가 멈추자 두 천사가 찾아와서 그를 천국으로 인도하였습니다.

그가 두 천사의 인도로 천국에 들어가자 예수님께서 말씀하시기를,

"땅의 사람 박용규 목사야, 너는 여기에서 하나님과 나 예수의 보좌를 보려 하지 말아라. 네가 다시 땅에 내려가서 일 많이 하고 구원받아 올라오면 그때는 나를 볼 수 있다."

라고 하신 후에 다섯 가지의 질문을 그에게 하셨습니다.

"너는 땅에서 성경을 얼마나 읽었느냐?

너는 헌금을 얼마나 했느냐?

너는 땅에서 전도를 얼마나 했느냐?

너는 십일조를 어떻게 했느냐?

너는 기도 생활을 얼마나 하였느냐?"

이렇게 물으신 후에, "너는 네 가지는 잘 했으나 큰 교회 되고 유명한 목사 되었을 때는 바쁘다는 핑계로 기도를 게을리 하였구나? 너는 1,026명에게 세례를 주었다. 이제부터 두 천사의 안내를 받아 천국과 지옥을 구경한 후에 땅에 내려가서 네가 본 대로 전해라."

라고 하셨다고 했습니다.

더 좋은 곳으로 데려가셨기 때문에

저희가 다시 주리지도 아니하며 목마르지도 아니하고 해나 아무 뜨거운 기운에 상하지 아니할지니 이는 보좌 가운데 계신 어린 양이 저희의 목자가 되사. – 계 7장 16-17절상

기도에 응답이 없음에도 감사에 대한 이야기입니다.

어떤 불치병에 걸린 외아들의 어머니가 밤을 새워서 서원기도를 하였습니다. 그녀의 간구는 오직 한 마디로,

'아들의 병만 고쳐주신다면 전 재산의 반을 주께 드리겠나이다.'

그녀는 하나님의 불쌍히 여겨주심을 간절히 원하였습니다.

그러나 아들은 기도의 보람도 없이 숨을 거두고 말았습니다. 그녀의 곁에서 함께 기도하던 이들의 슬픔도 컸습니다.

장례식을 다 치르고 나서 아들이 없는 날들이 지나갔습니다. 주일날에 아들의 장례식을 치른 그 어머니가 하나님께 나아와서 감사헌금을 드렸습니다.

그런데 헌금봉투를 열어 본 사람들이 그만 놀라서 말문이 막혔습니다. 너무도 많은 거액의 감사헌금이었기 때문이었습니다. 그 죽었던 외아들의 어머니는 전 재산의 반을 드렸던 것입니다.

주위의 사람들은 어떻게 된 영문인지 물어보았습니다. 그러자 그 부인은 이렇게 간증하였더랍니다.

"우리 아들을 살리셔서 여기보다 더 좋은 곳으로 데려가셨기 때문입니다."

주 안에서 죽는 자들은

지금 이후로 주 안에서 죽는 자들은 복이 있도다 하시매 성령이 가라사대 그러하다 저희 수고를 그치고 쉬리니 이는 저희의 행한 일이 따름이라 하시더라. - 계 14장 13절하

　천국은 저희 수고를 그치고 쉬는 곳입니다. 성경에 보면 하나님께서 6일 만에 천지와 만물을 다 창조하시고 일곱째 날에는 안식하셨습니다. 하나님께서 창조의 일곱째 날에 이처럼 안식하신 역사를 예수님의 구속사로 볼 때에는 영원한 천국에서의 안식의 역사를 표상(히 4:1-11)하고 있습니다.
　그런고로 천국과 지옥을 간단하게 소개한다고 하면, 천국은 영원한 안식의 나라이요, 지옥은 영원한 수고의 나라입니다.

　우리가 이 땅에 살면서 노력하며 애쓰며 신앙생활을 하는 가장 궁극적인 목적은 이처럼 우리의 영원한 내세가 영원한 유황 불못 가운데서 영원토록 수고하는 지옥이 되지 않고, 영원한 기쁨과 행복과 평안 가운데서 영원토록 안식하는 천국이 되게 하기 위함이었습니다.
　그래서 예수님을 자신의 구주로 믿고 구원받은 자들은 생명의 부활에 참여하여 그 영혼과 육신이 함께 영원한 천국에 들어가지만 예수님을 자신의 구주로 믿지 않고 구원을 받지 못한 자들은 심판의 부활에 참여하여 그 영혼과 육신이 함께 영원한 지옥의 불못에 들어가게 됩니다.(계 20:10)

주님의 얼굴을 영원토록

다시 저주가 없으며 하나님과 그 어린 양의 보좌가 그 가운데에 있으리니 그의 종들이 그를 섬기며 그의 얼굴을 볼 터이요 그의 이름도 그들의 이마에 있으리라. - 계 22장 3-4절

천국에서의 가장 큰 기쁨은 예수님을 처음으로 보고서 그 발아래 엎드려 직접 그분께 경배를 드리는 일일 것입니다. 그리스도 예수 안에서 구원받은 자들에게는 앞으로 이러한 일이 불원간에 일어날 것입니다.

서울 세종교회의 이종덕 장로는 49세에 교통사고로, 그가 장로 된 지 만 7년 만에 세상을 떠났습니다. 그는 크지 않는 벤처 사업을 해서 제법 잘 되고 있었습니다. 그렇기에, 온 식구들은 애통하지 않을 수 없었고, 교회도 충성스런 젊은 장로를 잃게 되었으니 슬퍼하지 않을 수가 없었습니다.
그런데 임종 때 슬퍼하는 가족들과 목사님께 마지막 말씀을 한 것이 기록되어 있습니다.
"절대로 슬퍼하지 마십시오! 저는 부활의 주님을 곧 뵈옵게 될 것이고, 부활하여 영원히 함께 살게 될 것입니다. 저는 결코 이 순간을 두려워하지 않고, 감격해하고 있습니다.
가족들이여 슬퍼하지 마십시오. 목사님이여 슬퍼하지 마십시오. 저는 부활의 주님을 곧 뵈옵게 될 것입니다. 저는 결코 이 순간을 두려워하지 아니하고 감격하고 있습니다."
이 말씀 한 마디를 끝내고 그는 주님 앞에 안겼답니다.

주님이 구원자로 오신 이유와 목적

다시 밤이 없겠고 등불과 햇빛이 쓸데없으니 이는 주 하나님이 저희에게 비취심이라 저희가 세세토록 왕 노릇 하리로다. - 계 22장 5절

영국의 처칠 수상은 영국이 도덕적으로 타락하자,
"대영제국이 도덕적으로 이렇게까지 타락된 것은 이 나라에서 천국과 지옥이 더 이상 선포되지 않기 때문이다."
라고 말했습니다.

예수님께서 이 땅에 오셔서 전하신 말씀의 주제는 천국입니다. 하나님의 나라입니다. 그리고 성경에서 지옥이란 단어를 처음 사용하신 분도 예수님입니다. 성경에 천국이란 단어가 38번 나오는데 36번을 예수님이 말씀하셨고, 지옥은 11번을 예수님이 말씀하셨습니다.

그런데 언제부터인가 성경을 가르치고 전하는 교회에서 천국과 지옥이란 단어가 사라졌습니다. 그러나 그렇게 되면 교회는 더 이상 교회가 아닙니다. 천국과 지옥을 빼고 복음을 말할 수 없습니다.

천국과 지옥은 상상의 세계가 아니라, 분명히 실존하는 세계입니다. 천국은 죽음도, 고통도, 눈물도, 슬픔도 없는 장소이지만, 지옥은 영원한 고통의 장소입니다.

예수님께서 이 땅에 구원자로 오신 가장 중요한 이유와 목적은 창세기 3장의 선악과 사건으로 지옥에 갈 수밖에 없는 인생들을 영원한 천국인 하늘의 거룩한 성 새 예루살렘의 주인공(계 21:27)으로 삼으시기 위함이십니다.

5

지옥을 예비하신 하나님의 열심

멸망의 성을 쌓는 사람들

에덴 동편 놋 땅에 거하였더니 아내와 동침하니 그가 잉태하여 에녹을 낳은지라 가인이 성을 쌓고 그 아들의 이름으로 성을 이름하여 에녹이라 하였더라. – 창 4장 16절하-17절

    가인의 아들인 에녹은 하나님을 떠나 놋 땅에서 그의 아버지인 가인과 같이 성을 쌓아서 그것을 에녹성이라고 하였습니다.
    여기에서 가인과 그의 아들인 에녹이 하나님의 앞을 떠나 놋 땅에서 이처럼 성을 쌓았다는 것은 하나님을 떠나서 하나님 밖에서도 하나님을 대용하는 '세상(물질, 지시, 권세, 명예....)의 성'을 쌓았다는 것입니다. 그로 인해서 평안하고 만족하며 행복을 구하려고 해서였습니다.
    그러나 그들이 쌓은 에녹성과 같은 세상의 성을 쌓은 결과로 우리 인생에게 있어서 참된 안전과 평안이 보장되지 않습니다. 인생은 행복과 만족과 보람과 소망이 없는 삶을 살다가 이 세상을 떠날 때, 지옥에 간 부자처럼 영원한 지옥의 불 못으로 들어가는 '멸망의 성'일 수밖에 없습니다.

    그러한 의미에서 볼 때, 여기에서, 가인과 그의 아들인 에녹이 쌓은 성인 에녹성은 잠시 잠깐 있다가 무너질 수밖에 없고, 불에 탈 수밖에 없고, 멸망할 수밖에 없습니다.
    하나님의 언약을 떠나서 쌓은 창 11장에 나오는 바벨탑과 계 18장에 나오는 큰 성 바벨론을 표상하는 것입니다.

지옥의 자리를 채울 수 있는 방법

너는 내일 일을 자랑하지 말라 하루 동안에 무슨 일이 날는지 네가 알 수 없음이니라. - 잠 27장 1절

우화로 전해지는 이야기입니다.

지옥에서 회의가 열렸는데 그 주제는 '어떻게 하면 더 많은 사람들의 영혼을 지옥으로 끌고 올 수 있을까' 였습니다.

어떤 마귀가 말하기를, "대장님, 저를 보내 주십시오. 저는 가서 사람들에게 성경은 다 거짓말이라고 열심히 말하겠습니다."

그러나 마귀 대장은 고개를 가로저었습니다. 다른 마귀가 나서서, "대장님, 저를 보내 주십시오. 저는 가서 하나님도 없고, 천국도 없고, 지옥도 없다고 이야기하겠습니다."

대장 마귀는 다시 고개를 저었습니다.

그러자 또 한 마귀가 말합니다. "대장님, 저를 보내주시면 성경은 참말이고 구세주도 있고 하늘나라도 있고 지옥도 있다고 말하겠습니다."

마귀들의 눈이 둥그레졌습니다.

"그러나 서두를 필요는 없다고 하겠습니다. 내일 믿으라고 하겠습니다. 오늘은 편안하게 살고 오늘은 하고 싶은 것 다 하고, 오늘은 네 멋대로 살고 필요하다면 사기도 치고 내일 믿으라고 하겠습니다. 많고 많은 것이 날이고 세고 쌓인 것이 날인데 오늘 서두를 필요가 어디 있느냐고 하겠습니다." 대장 마귀와 모든 마귀들이 그것은 참으로 좋은 방법이라고 하면서 박수를 쳤다고 합니다.

성철스님의 마지막 고백

대저 우리는 다 부정한 자 같아서 우리의 의는 다 더러운 옷 같으며.
– 사 64장 6절

인간의 공로 사상 중에서 최고로 잘 정립된 사상이 불교입니다. 성철 스님의 일대기를 보면 한 마디로 대단히 고행을 한 사람입니다.

그는 결혼 직후에, 처자식을 버리고 집을 떠나서 그 이후로 부모가 찾아와도 수행에 방해된다고 만나지를 않았습니다. 기거하는 곳에 철조망을 쳐놓고 십 년 동안 사람들이 들어오지 못하게 막고, 십육 년 동안 솔잎가루와 쌀가루만 먹고 살았습니다. 그리고 이게 가능한 것인지 모르겠는데 팔 년 동안 장좌불와, 곧 눕지도 않고 앉아서 잤다고 합니다. 이런 식의 수양을 쌓았습니다.

하지만 이런 고행을 쌓고도 그의 심령과 양심에는 평안이 없었던 모양입니다. 성철 스님이 돌아가시기 전에 마지막으로 남긴 열반송이라는 게 있습니다. 평이한 말로 풀면 다음과 같습니다.

"나는 한평생 무수한 사람을 속였으니 그 죄업이 하늘에 가득 차 수미산보다 더하다. 산체로 지옥에 떨어져 그 한이 만 갈래니 한 덩이 불덩이 푸른 산에 걸려 있다."

그의 말을 요약하면 한평생 동안에 무지무지하게 많은 사람을 속여서 그 죄업이 하늘에 가득 차 수미산보다 더하다고 합니다. 그래서 그 결과 산체로 지옥에 떨어지겠다는 것입니다.

그 피 값은 내가 네 손에서 찾으리라

네가 그를 깨우치지 않음이라 그가 그 죄 중에서 죽으려니와 그 피 값은 내가 네 손에서 찾으리라. - 겔 3장 20절상

영국 요크셔의 공업도시 쉐필드에 있는 한 큰 철공장에서 한 젊은이가 실족하여 시뻘겋게 달은 철판 위에 굴러 떨어져 거의 죽게 되었습니다. 그의 동료들은 저마다 빨리 의사를 불러오라고 외쳤습니다. 그러나 불쌍한 젊은이가 부르짖습니다.

"의사를 부르러 보낼 필요가 없습니다. 그 대신 여기 어떻게 하면 내가 구원을 받을 수 있는지 말해줄 사람이 없나요? 내 영혼은 오랫동안 버려져 있었습니다. 이제 나는 소망 없이 죽게 되었습니다. 그러니 날 좀 누가 도와주십시오…"

그는 그렇게 육신의 아픔과 영혼의 번민 속에 몸부림쳤지만 구원의 기쁜 소식을 듣지 못한 채 그만 20분도 못되어 죽었습니다.

이 일이 있은 후에, 어떤 사람이,

"그 젊은이에게 예수를 가르치며 조용히 구원을 일러주었더라면 오죽이나 좋았을까? 그런데 내 인생은 내 입술을 굳게 봉하고 있었으니 주 앞에 가서 이 젊은이에 대하여 무엇이라고 변명을 할꼬?"

라고 하며 그 젊은이 이상으로 괴로워하더라는 것이었습니다. 사실 그 크리스천이 죽은 청년에게,

"주 예수를 믿으라 그리하면 너와 네 집이 구원을 얻으리라."(행 16:31)를 단 한 번만이라도 외쳤던들 그는 구원을 받을 수 있었을 것입니다.

심판과 멸망의 바다에서 구원을

그에게 수종하는 자는 천천이요 그 앞에 시위한 자는 만만이며 심판을 베 푸는데 책들이 펴 놓였더라. - 단 7장 10절하

1912년 4월 14일, 타이타닉 호가 대서양의 뉴펀들랜드 해역에서 빙산에 부딪혀 1,513명이 수장되었습니다. 그런데 타이타닉 호가 침몰한 지 4년 후, 한 젊은이가 어느 모임에서 이렇게 간증했습니다.

"저는 그때 타이타닉 호에 타고 있다가 바다에 빠졌습니다. 나무 파편을 붙잡고 표류하는데 내 곁으로 한 신사가 표류해 왔습니다. 그 분은 존 하퍼 라는 목사님이었습니다.

그분은 '예수 그리스도를 믿습니까?' 라고 물으셨고, 저는 '아니오.' 라고 대답했습니다. 존 하퍼 목사님은 물에 몇 번이나 빠져 들어 갔다가 나오면서도 '예수 그리스도를 믿으십시오. 그러면 구원을 받을 것입니다.' 라고 한 후 파도에 휩쓸려 사라졌습니다. 그러나 저는 극적으로 구출된 후 예수를 믿게 되었습니다.

그 때 그 목사님이 말씀하신 구원은 대서양의 물보다 훨씬 더 무서운 죄악과 형벌과 무서운 심판과 멸망의 물에서 건짐을 받는 구원임을 깨닫게 되었습니다.

여러분, 저는 지금 여러분에게 그 목사님이 저에게 하신 말씀과 똑같은 말씀을 드립니다. "예수 믿으십시오. 그리고 장차 다가올 그 무서운 심판과 멸망의 바다에서 구원을 받으십시오."

악마들이 나를 지옥으로 데려간다

주께서 그를 쫓아내시며 그의 바다 권세를 치시리니 그가 불에 삼키울지라. – 슥 9장 4절

사람들은 "죽고 나면 모든 것이 끝이다, 무로 돌아간다"고 생각하지만 성경은 그렇게 말씀하시지 않고 반드시 천국이든 지옥이든 심판이 있다(히 9:27)고 하십니다. 그래서 그리스도를 믿어 영원히 그와 함께 천국에서 영생복락을 누리든지 아니면 믿지 않아 마귀와 귀신들과 함께 영원히 불 못에서 고통을 당하든지 합니다.

미국에 유명한 감리교 부흥사인 샘 존스 목사가 시골의 조그마한 교회에 있을 때 있었던 목회 경험담입니다. 어떤 사람이 공개적으로 죄악에 빠진 생활을 하였습니다. 하나님은 그의 생활에 한 부분도 차지하지 않았습니다. 교회와 그리스도와 목사를 저주하는 사람이었습니다. 그러던 어느 날, 새벽 세시에 그가 죽게 되었습니다.

그가 깊은 밤에 아내를 부르더니, "내가 지금 무서운 꿈을 꾸었는데, 악마들이 내 방 가득히 모여서 내 영혼을 지옥으로 보낼 준비를 하고 있었어. 그러니 나를 그렇게 하지 못하도록 좀 해 주시오."
라고 하였습니다. 그러나 그의 아내는 남편을 안정시키려고 했지만 그렇게 할 수가 없었습니다. 마침내 세시가 되자 그는,
"악마들이 나를 지옥으로 데려간다. 나를 지옥으로 데려간다."
라고 부르짖으면서 비참하게 죽었습니다.

만약 지옥이 없다면

진실로 너희에게 이르노니 천지가 없어지기 전에는 율법의 일점 일획이라도 반드시 없어지지 아니하고 다 이루리라. - 마 5장 18절

성경이 전하고 있는 지옥은 불과 유황이 타는 곳이고, 지옥에 간 부자처럼 아무리 목이 마르고 혀가 타들어 가도 물 한 방울이 허용되지 않으며, 영원한 고통과 절망과 슬픔에 이를 가는 장소이며, 한 번 들어가면 다시는 못 나오는 곳이며, 죽고 싶어도 죽을 수 없는 곳입니다.

- 만일, 이와 같은 지옥이 없다면 죄를 두려워할 필요가 없으며, 이 땅에서 어떤 방법을 사용하든 단 한번 뿐의 삶을 최고의 쾌락만을 누리며 살면 될 것입니다.
- 만일, 지옥이 없다면 천국도 없고, 또한 부활도 없으며, 주 예수님을 위해 죽음을 자처한 순교자들의 피도 헛되며, 지금도 주님을 위해 온갖 고생을 감당하는 주의 종들과 선교사들의 수고도 헛됩니다.
- 만일, 지옥이 없다면 하나님의 아들이며 그리스도이신 예수님도 필요 없습니다.

하나님은 살아계십니다. 하나님의 엄중한 법은 영원토록 유효합니다. 하나님이 보내신 그리스도는 실제로 메시야이시고, 오직 그분을 통해 하나님의 거룩하심과 의로움이 만족됩니다.

이에 그리스도 안에서만 우리는 지옥으로 떨어지지 않고 천국에 들어갈 수 있게 되는 것입니다.

멸망의 성인 바벨성을 쌓지 맙시다

좁은 문으로 들어가라 멸망으로 인도하는 문은 크고 그 길이 넓어 그리로 들어가는 자가 많고 생명으로 인도하는 문은 좁고 길이 협착하여 찾는 이가 적음이니라. – 마 7장 13–14절

어느 날 라스베가스에서 가수 팻분과 엘비스 프레스리가 만나서 팻분이 프레스리에게 말했습니다.

"엘비스, 어디를 가는가?"

"도박장에 가는 길이오, 당신은 어디를 가는 길이오?"

"오늘이 주일이기 때문에 나는 교회에 가는 길이오, 나와 함께 교회에 가지 않겠소?"

그러자 엘비스는 피식거리더니, "당신이나 천국 가시오."라고 퉁명스럽게 내뱉으며 자신이 가던 길을 갔습니다. 그런데 엘비스가 그 날 그렇게 걸어간 그 길은 이제까지와 지금도 셀 수도 없는 많은 사람들이 그렇게 즐거워하며 달려가고 있는 길입니다.

한마디로 그 길은 '크고 넓은 길이지만 그 길의 결국은 멸망' 입니다. 곧 지옥에 간 부자와 같이 영원한 지옥의 유황 불 못에서 영원토록 고통을 당하게 하는 길입니다. 바로 이 길은 가인과 그의 아들인 에녹과 창세기 11장의 바벨성을 쌓았던 사람들처럼 하나님 앞을 떠나서 세상의 성을 쌓는 멸망의 길이기 때문입니다.

우리는 가인과 그의 아들인 에녹이 쌓은 에녹성과 같은 세상의 성인 바벨성을 가지고 자랑하지 맙시다. 이 세상은 언젠가는 무너지고 망할 장망성(벧후 3:7)이기 때문입니다.

지옥의 고통스런 경험을

아름다운 열매를 맺지 아니하는 나무마다 찍혀 불에 던지우느니라.
- 마 7장 19절

지옥의 경험이 얼마나 고통스러운지를 증언한 사람의 말이 있습니다. 제임스 케네디 목사가 지옥에 다녀온 사람에게서 들은 이야기입니다.

그 사람은 무신론자였으며 하나님도 지옥도 믿지 않는 사람이었습니다. 그러던 그가 심장마비로 죽었다가 의사의 도움으로 극적으로 소생한 후, 증언하기를 그가 죽어 있는 동안 어둡고 캄캄한 곳에서 극심한 육체적 고통을 겪었다는 것입니다.

그는 케네디 목사에게 자신이 지옥에서 겪은 고통은 이루 말로 표현할 수 없을 정도로 끔찍하였다고 이야기했습니다.

그는 자신이 아홉 살 때 화물 열차가 자신의 다리 위로 지나가 끊어진 다리를 집어 들고 교차로까지 기어간 경험이 있었는데, 그때 겪은 고통조차도 자신이 지옥에서 겪은 고통과 비교하면 전혀 비교가 되지 않는다고 하였습니다.

또 그는 언젠가 선반 위에 놓여 있던 휘발유 깡통을 촛불 위에 떨어뜨려서 그 불덩이가 자신의 다리 위에 쏟아져 내려서 오랫동안 병원에 입원한 적이 있었는데, 지옥에서의 고통은 그때 그 고통보다 천 배나 더 심하였다고 이야기하였습니다.

지옥은 우리가 상상할 수도 없는 끔찍한 고통이 있는 곳입니다.

영원한 천국과 지옥을 결정하는 것

그러나 내가 하나님의 성령을 힘입어 귀신을 쫓아내는 것이면 하나님의 나라가 이미 너희에게 임하였느니라. - 마 12장 28절

어느 목사가 교회에서 공개적으로 간증했던 이야기입니다.

"저는 50년 동안에, 목회하면서 많은 사람을 수의를 입히고 관속에 넣는 일을 했습니다. 옛날에는 다 가난했기 때문에 장의사가 와서 못 하고 목사가 그 일을 다 했습니다.

그런데 천국에 간 사람은 얼굴에 웃음이 있고, 몸에 긴장이 하나도 없습니다. 몸이 아주 부드럽습니다. 천국에 가는 것이 너무 즐겁고 기쁘니까 몸도 긴장이 안 되는 것입니다.

그러나 이 세상에서 지옥같이 산 사람은 죽을 때 눈을 감지 못하고 흑암의 권세에 잡혀서 이를 갈고 안 죽으려고 발버둥을 치며 온몸이 경직된 채로 죽습니다.

천국에 못 가고 지옥에 가는 사람은 마귀에게 끌려갈 때 이를 깨물고 주먹을 쥐고 몸부림을 치기 때문에 몸이 그처럼 긴장이 되고 뻣뻣한 것입니다."

천국과 지옥은 이 세상과 사후의 세계에서 다 같이 체험합니다. 이 세상에 사는 동안 주(主) 안에서 마음에 천국이 임한 사람은 저 세상에도 천국에 반드시 갈 것이요, 이 세상에서 사는 동안 주(主) 밖에서 그 마음에 지옥이 이루어져 있는 사람은 사후에도 지옥에 갈 것입니다.

풀무 불과 같은 지옥

풀무 불에 던져넣으리니 거기서 울며 이를 갈이 있으리라. - 마 13장 42절

빌 와이즈(Bill Wise)라고 하는 사람은 지옥의 고통에 대하여 그 어느 누구보다도 더 생생하게 증언해줄 수 있는 사람입니다.

그는 아주 평범하고 신실한 크리스천이었는데, 어느 날 하나님께서는 무슨 이유에서인지 그를 지옥으로 던져 넣으셔서 23분 동안 지옥을 체험하게 하셨습니다.

그는 그곳에서 이루 말할 수 없는 고통을 맛보았습니다. 엄청나게 무서운 지옥의 괴물들이 그의 몸을 갈기갈기 찢어놓았고, 그를 처참하게 짓밟고 괴롭혔습니다. 또한 지옥에서 풍겨 나오는 지독한 악취는 그의 정신을 혼미하게 만들었습니다. 그가 그곳에서 겪은 끔찍한 공포와 타는 듯한 갈증은 그의 상상을 초월하는 것이었습니다.

그는 자신의 체험이 영적으로 옳은 체험이라면 분명한 성경적인 뒷받침이 있어야 한다고 생각해서 지옥에서 돌아온 후 7년 동안 성경을 조사해보았습니다. 그런데 놀랍게도 그는 자신이 경험한 지옥 체험이 하나도 빠짐없이 성경적 근거가 있다는 것을 확인하게 되었습니다. 이렇게 하여 그가 기록한 책이 바로 『지옥에서의 23분』이라고 하는 책입니다. 그가 쓴 이 책에는 지옥의 고통이 얼마나 처절하고 괴로운 고통인가 하는 것이 너무도 생생하게 소개되어 있습니다.

마귀와 그 사자들을 위해 예비 된

또 왼편에 있는 자들에게 이르시되 저주를 받은 자들아 나를 떠나 마귀와 그 사자들을 위하여 예비 된 영영한 불에 들어가라. - 마 25장 41절

　인간들의 모든 죄는 하나님을 두려워할 줄 모르고 지옥 형벌을 믿지 않는데서 저질러진다고 합니다. 예수님께서 말씀하셨습니다. "몸은 죽여도 영혼은 능히 죽이지 못하는 자들을 두려워하지 말고, 오직 몸과 영혼을 능히 지옥에 멸하시는 자를 두려워하라."(마 10:28)
　하나님께서는 범죄한 천사들과 창세기 3장의 선악과 사건으로 범죄한 인생들의 죄를 심판하시기 위하여 지옥을 예비하셨습니다.(마 25:41) 지옥은 한 마디로 '영원한 불의 자리'(마 25:41)입니다.

　그래서 이와 같은 지옥에 한번 들어가면 다시는 이곳에서 빠져나올 수가 없이 영원토록 이 뜨거운 불의 곳에서 형벌을 당합니다.
　지옥이 얼마나 끔찍하고 무섭고 고통스러운 곳인지 주님께서는, 말씀하시기를,
　"만일 네 오른 눈이 너로 실족케 하거든 빼어 내버리라. 네 백체 중 하나가 없어지고 온몸이 지옥에 던지우지 않는 것이 유익하며, 또한 만일 네 오른손이 너로 실족케 하거든 찍어 내버리라. 네 백체 중 하나가 없어지고 온몸이 지옥에 던지우지 않는 것이 유익하니라."(마 5:29-30)고 하셨습니다.

지옥의 고통을
조금이라도 경험하면

저희는 영벌에, 의인들은 영생에 들어가리라 하시니라. – 마 25장 46절

　미국에서 있었던 일로서, 한 마을에 부자가 살고 있었는데 병이 들어 7년 동안이나 식물인간처럼 지내게 되다가 어느 날 자리에서 벌떡 일어나 건강한 사람처럼 말을 하였습니다.
　그의 말은 지난 7년 동안 불구덩이에 빠져 있었는데 자신의 몸이 타지는 않고 고통만 계속되었다고 했습니다. 그러다가 빛이 비취는 쪽으로 기어 나오게 되어서 살게 되었다고 하면서 지옥이 있음을 모르고 살다가 그곳보다 더 무서운 지옥에 떨어진다면 얼마나 불쌍한 일인가를 생각하며 진실한 신앙생활을 하였다고 합니다.

　황해도 봉산에 김기봉이라는 여 집사가 6.25 때 인민군들에게 잡혀 예수를 믿는다고 해서 방공호에 갇혔습니다. 그 방공호 안에는 물이 있어서 무릎에 까지 차고 높이는 그의 키보다 낮아서 일어설 수도 없어서 하루 종일 허리도 못 편 채 하루를 보내다가 저녁 때가 되자 방공호에서 나오라고 하더니 기분이 어떠하였느냐고 물었습니다.
　그러자 김 집사는 말하기를, "세상에 방공호의 하루 생활도 이렇게 고통스러운데 지옥생활이야 얼마나 고통스럽겠는가를 느꼈소. 그러니 앞으로는 예수를 더 잘 믿고 천국에 가야겠소."라고 하였습니다.

불로서 소금 치듯 함을 받는 곳

거기는 구더기도 죽지 않고 불도 꺼지지 아니하느니라 사람마다 불로서 소금 치듯 함을 받으리라. – 막 9장 48-49절

예수님은 지옥에 대하여 말씀하시기를, "사람마다 불로서 소금 치듯 함을 받는 곳"(막 9:49)이라고 하셨습니다.

과거에 연탄불을 피우던 시절에 가스 냄새를 줄이기 위해서 굵은 소금을 연탄불에 집어넣습니다. 그러면 소금이 '탁 탁' 소리를 내며 튑니다. 한번 상상해 보십시오. 사람이 지옥 불에 떨어집니다. 그 사람이 불에 소금을 넣는 것과 같이 됩니다. 소금이 튀듯이 사람이 그렇게 된다는 말입니다. 끔찍한 일입니다.

요한계시록 20장 14-15절의 말씀에 보면 지옥을 불못이라고 기록되어 있습니다. 불못은 불과 유황으로 타는 못을 말하는 것입니다. 요한 웨슬리 목사는 지옥 설교를 하다가,

"여러분의 손가락을 불에다 대고 있어 보십시오. 잠시 동안도 견디기 어려울 것입니다. 이 보다 더 큰 고통은 없을 것입니다. 하물며 온 몸이 불에 들어가 죽지도 않고 영원히 있을 것을 생각해 보십시오."

라고 하였습니다.

그러기에 지옥의 고통은 그 무엇보다도 고통스럽고 언제까지나 영원토록 끝이 없는 고통입니다. 그래서 사람들은 세상에서 고통을 받지만 영원한 불못인 이 지옥에서 받는 이러한 고통에 비하면 그것은 아무것도 아닙니다. 지옥은 그 어떤 곳보다 가장 깊은 고통의 장소입니다.

내일이면 지옥에서 깨어날 사람들

부자도 죽어 장사되매 저가 음부에서 고통 중에 눈을 들어 멀리 아브라함과. - 눅 16장 22절하-23절상

지옥에 간 부자는 누가복음 16장의 말씀이 증거하고 있는 대로 예수는 믿지 않고 천국과 지옥도 없는 줄 알고 날이면 날마다 잘 먹고 잘살았는데 어느 날 죽어서 다시 눈을 떠 보니 지옥의 불 가운데서 고통 중에 그 눈을 다시 떴다고 하는 것입니다.

노르웨이의 홀레스비 교수는 방송국 인터뷰에서 심각하게 말했습니다.
"노르웨이의 국민 여러분, 나는 지금 이 시간에 가장 중요한 말을 하려고 합니다. 나와 여러분은 오늘 밤 평안히 잠을 자게 되겠지만 내일 아침에는 지옥에서 깨어날 사람도 허다할 것입니다."
그 방송을 들은 많은 청취자들의 반발이 대단했다고 합니다. 그래서 방송국 측에서 홀레스비 교수를 불러 다시 스튜디오 앞에 서게 하였습니다. 그리하여 종교는 아편이라고 떠들어대는 국민들에게 해명하고 사과 방송을 하라고 했는데 그는 더욱 심각한 표정으로 말하였습니다.
"나와 여러분은 오늘 밤 침실에서 잠을 이룰 수 있겠지만 내일 아침에는 지옥에서 깨어날 사람들도 허다할 것입니다."
주의를 모으고 방송을 청취하던 청취인들이 그의 심각하고 진실한 말에 모두들 다시 한 번 생각하여 주께 돌아오는 역사가 일어나게 되었습니다.

지옥은 너무나 목마른 곳

아버지 아브라함이여 나를 긍휼히 여기사 나사로를 보내어 그 손가락 끝에 물을 찍어 내 혀를 서늘하게 하소서 내가 이 불꽃 가운데서 고민하나이다.
- 눅 16장 24절

제2차 세계대전 당시에 많은 군인들이 사막에서 죽었습니다. 영국의 군인들이 사막을 걸어가다가 목이 너무 말랐습니다. 그런데 갑자기 그들 눈에 저 사막 끝에서 시원한 강물이 넘실거렸습니다. 모든 군인들은 그곳으로 뛰어가 물속으로 첨벙첨벙 뛰어들고 마음껏 물을 마셨습니다.

다음 날이었습니다. 다른 부대의 군인들이 이 군인들을 발견했는데 모두가 죽어 있었습니다. 죽은 군인들은 한 결 같이 입에 모래를 가득 물고 있었습니다.

목마른 군인들이 발견한 것은 시원한 오아시스가 아니라 신기루였습니다. 그들이 마신 것은 물이 아니라 모래였습니다. 그들은 사막 가운데서 너무나 목이 말랐기 때문에 모래를 물처럼 마음껏 먹고 죽었던 것입니다.

지옥으로 간 부자는 세상에 있을 때 목마름이 무엇인지를 알지도 못하고 살았는데, 지옥에서 자기의 눈을 불꽃 가운데서 뜨고 보니까 온 몸이 뜨거운 것은 물론이요 너무나 목이 말라서 견딜 수가 없었습니다. 그래서 한 방울의 물이라도 그의 혀 끝에 찍어 주기를 원하였습니다.

그렇지만 그의 요청은 영원히 받아들여지지를 않았습니다. 곧 지옥은 영원히 목마른 곳입니다.

빠져나갈 수가 없는 곳

너희와 우리 사이에 큰 구렁이 끼어 있어 여기서 너희에게 건너가고자 하되 할 수 없고 거기서 우리에게 건너올 수도 없게 하였느니라.
- 눅 16장 26절

사우나에 들어가서 땀을 내다가 5분이고 10분이고 있다가 너무 뜨거워서 참을 수 없으면 언제라도 이곳에서 뛰쳐나갈 수가 있습니다.

그러나 지옥은 견딜 수가 없는 고통이 계속되지만 그것을 피할 소망이란 전혀 없는 곳입니다. 지옥에는 한번 이곳에 들어오면 아무리 뜨거워서 견딜 수가 없어도 이곳에서 빠져나갈 수가 없습니다. 이 세상으로부터의 도피는 죽음으로 가능하지만, 지옥에서는 이곳을 빠져나와서 이곳을 벗어날 수 있는 출구가 없습니다.

샌프란시스코의 금문교에서 내려다보면 바다 한가운데 섬이 하나 있는데 그 섬에 감옥이 있습니다. 왜 그곳에 감옥을 지었는가 하면, 종신형을 받은 사람들이 탈출하지 못하게 하려고 그곳에 지었다고 합니다.
- 탈출을 한다고 해도 물살이 세서 헤엄을 못 치고,
- 헤엄을 쳐도 물이 차서 심장마비에 걸리거나
- 헤엄쳐 나오다가 상어에게 밥이 되어서 탈출할 생각을 못한답니다.

그래도 그 감옥 창설 이래 한 사람인가가 탈출해서 살아났다고 합니다. 그렇지만 지옥은 한번 들어오면 이곳을 벗어날 수 있는 길이 영원히 없습니다.

가장 무서운 방-지옥

진실로 진실로 네게 이르노니 사람이 물과 성령으로 나지 아니하면 하나님 나라에 들어갈 수 없느니라. – 요 3장 5절

찜질방 중에 불가마에 직접 불을 떼고 들어가는 불가마 찜질방이란 곳이 있습니다. 이곳에는 들어갈 때 바닥이 너무 뜨거워서 나무 나막신을 신고 들어가야 하는데 이 사실을 잊어버리고 맨발로 들어왔다가는 '아구 뜨거워' 하면서 발을 동동 구르면서 팔짝팔짝 뛰어다니다가 다시 밖으로 팔짝팔짝 뛰면서 나가버릴 수밖에 없습니다.

찜질방도 불이 적당하면 찜질방이지만 불가마 찜질방처럼 너무나 뜨거운 곳에서 나가지도 못하고 계속 있어야 한다면 바로 그곳은 지옥방입니다. 지옥은 마치 불로 소금을 치듯이 사람이 팔짝팔짝 뛰면서 구르는 곳이기 때문입니다.(막 9:48-49)

지옥은 불이 꺼지지도 않습니다. 그로 인한 고통이 영원토록 끝이 나지 않습니다. 나갈 때도 없이 영원히 고통을 받는 곳입니다. 그러므로 이 세상과 저 세상을 통틀어 가장 무서운 방은 바로 이처럼 뜨거운 불로 영원토록 고통을 받는 지옥방입니다.

오늘, 우리가 예수 그리스도를 자신의 구주로 믿고 그 영적 생명이 거듭나야 할 이유는 바로 이처럼 무서운 영원한 지옥에 가지 않고 천국에 갈 수 있게 하기 위해서입니다.

예수님을 믿지 않는 자는

하나님이 세상을 이처럼 사랑하사 독생자를 주셨으니 이는 누구든지 저를 믿는 자마다 멸망치 않고 영생을 얻게 하려 하심이라. - 요 3장 16절

지옥은 영원토록 꺼지지 않는 뜨거운 불꽃 가운데서 사정없이 고통을 받는 곳입니다.

현대인들은 지옥이 있다고 하는 사실을 잘 믿으려고 하지 않습니다. 그러나 예수님은 복음서에서만 18회에 걸쳐 지옥을 말하고 있습니다. 성경이 증거 하는 가장 분명하고 핵심적인 진리도 하나님의 아들이신 예수 그리스도를 자신의 구주로 믿으면 천국에서 영생을 누릴 것이지만 예수님을 자신의 구주로 믿지 아니하는 자는 영원한 지옥의 불 구덩이에서 멸망할 것이라는 것입니다.

예수님은 지옥이 너무나 끔찍하고 고통스러운 곳이기에 자신이 우리를 대신하여 십자가를 지시고 죽으시기까지 하시면서 지옥에 가는 길목을 막고 계십니다. 그리고 경고하십니다.

"만일 네 손이 너를 범죄케 하거든 찍어 버리라 불구자로 영생에 들어가는 것이 두 손을 가지고 지옥 꺼지지 않는 불에 들어가는 것보다 나으니라. 거기는 구더기도 죽지 않고 불도 꺼지지 아니하느니라 사람마다 불로서 소금 치듯 함을 받으리라." (막 9:43, 48-49)

왜 많은 사람들이 불신하는가

사람들이 자기 행위가 악하므로 빛보다 어두움을 더 사랑한 것이니라.
– 요 3장 19절하

한 청년이 미국으로 유학을 가게 되었습니다.

이 청년은 일류대학을 졸업한 전도가 유망한 청년이었습니다. 비행기 안에 함께 앉은 사람이 목사님이었는데 대화 중에 목사님은 하나님과 성경에 관한 복음을 전하며 전도하기 시작하였습니다.

그러자 이 청년은 옳지 잘 만났다고 생각하고 평소에 주장해 온 무신론을 일사천리로 말하였습니다. 그러자 목사님은 하나님을 눈에 보여줄 수도 없고 해서 청년에게 이렇게 말했습니다.

"청년, 자네가 죽으면 지옥 가소."

그러자 이 청년은 얼굴이 푸르르 떨며 말하기를,

"아니 목사님, 어떻게 목사님이 그런 저주의 말을 할 수 있습니까?"

"청년, 자네는 이제까지 하나님도, 천국도 지옥도 없다고 하였는데 자네 말대로 없다는 곳 중에 한 곳을 가라고 했는데 왜 그리 기분 나빠하는가?"

이 청년은 아무 말도 못 하고 깊은 생각에 잠겼습니다. 그리고서 마음의 문을 열고 복음을 듣고 예수님을 믿게 되었다고 합니다.

왜 많은 사람들이 하나님을, 천국과 지옥을, 심판의 소식에 반대하는가? 그것은 하나님이 계시고 심판이 있다면 구원받을 자신이 없기 때문입니다.

나는 정말 지옥에 떨어지는구나

선한 일을 행한 자는 생명의 부활로 악한 일을 행한 자는 심판의 부활로 나오리라. - 요 5장 29절

아무리 전도해도 예수님을 믿지 않던 우리나라의 모 재벌 그룹의 회장이었던 분이 어느 날, 정기진단에서 폐암을 선고받았습니다.

의사가 그에게 상담하려고 병실로 찾아 왔는데, 그가 말하였습니다.

"천당 지옥은 믿을 수 없지만, 나는 돈이 많으니 돈으로 병을 고칠 수 있다는 것은 믿을 수 있소."

의사는 그의 병은 이미 고칠 수 없다고 단언하였습니다. 이튿날, 의사가 병실로 들어오자 회장이 물었습니다.

"정말로 못 고치는 병인가?"

"예, 그렇습니다."

"그러면 매달 1억 원씩 줄 테니 내 목숨을 일 년만 연장해주게."

"돈을 가졌다고 해서 생명을 사지는 못합니다. 하나님이 정하신 기한을 사람이 마음대로 늘이고 줄이지 못합니다. 회장님의 병은 앞으로 사흘을 넘길지도 장담할 수 없습니다."

의사가 그렇게 말하고 나간 뒤에, 회장은 갑자기 미친 듯이 소리를 지르기 시작했습니다.

"나에게는 돈이 있어, 내가 왜 죽어, 절대 안 죽을 거야! 지옥도 없고 천당도 없어!"

그러나 그렇게 발버둥 치던 회장도 신음처럼 마지막 뱉은 말은, "오, 나는 정말 지옥에 떨어지는구나!"라고 하는 말이었습니다.

사탄에게 속아서 지옥에 가는 자들

저는 처음부터 살인한 자요 진리가 그 속에 없으므로 진리에 서지 못하고 거짓을 말할 때마다 제 것으로 말하나니 이는 저가 거짓말쟁이요 거짓의 아비가 되었음이니라. - 요 8장 44절

어떤 사람이 불평하면서 말하였습니다.

"하나님은 사랑의 하나님이라면서 왜 지옥을 만들어 놓고 사람을 지옥에 보내는가?"

그러나 하나님은 인간을 결단코 지옥에 보내고자 하지 않으십니다(딤전 2:4). 하나님은 한 사람도 지옥에 보낸 적이 없으십니다. 다만 인간 스스로가 지옥에 갈 뿐입니다.

그러면 사람이 왜 지옥에 가는 것입니까? 사람이 지옥에 가는 이유는 슬프게도 사탄에게 속아서 가는 것입니다. 사탄이 인간을 속이기 때문입니다. 에덴동산에서 아담과 하와를 속인 사탄은 지금도 여전히 인간을 속이고 있습니다.

사탄은 가룟 유다도 속여서 예수님을 팔도록 했습니다(요 12:2). 예수를 파는 것이 유익하고 합리적인 것처럼 유다를 속인 것입니다.

이 사탄에 대해서 성경은 말합니다.

요한계시록 12장 9절에서, "큰 용이 내어 쫓기니 옛 뱀 곧 마귀라고도 하고 사탄이라고도 하는 온 천하를 꾀는 자"라고 증언하고 있습니다.

요한복음 8장 44절에서는 거짓의 아비라고 가리키고 있습니다. 사탄은 인간을 이처럼 철저히 속여서 지옥으로 끌고 갑니다.

사탄 마귀의 궁극적인 목적

도적이 오는 것은 도적질하고 죽이고 멸망시키려는 것뿐이요 내가 온 것은 양으로 생명을 얻게 하고 더 풍성히 얻게 하려는 것이라. – 요 10장 10절

성경에 보면 하나님의 아들이시자 그리스도이신 예수님은 그를 자신의 구주로 믿는 자들로 하여금 이 땅에서도 생명을 얻게 하고, 그 생명을 더 풍성히 얻게 하시다가 이 땅을 떠날 때는 영원한 천국인 하늘의 거룩한 성 새 예루살렘의 주인공들이 되게 하십니다.

그러나 마귀가 주는 것은 도적질과 죽임을 당하게 하고 그 결과 이 땅을 떠날 때는 영원한 지옥의 불구덩이에서 멸망을 당하게 하는 것입니다.

성경에 보면, 마귀는 우리 인생의 불행의 근원자이며 죄의 근원자로 인간을 하나님과 분리시켰고 지금도 분리시키는 존재입니다. 그래서 마귀는 인간을 처음부터 하나님 앞에서 죄를 짓게 하고 끝까지 속이고 멸망시키는 존재입니다.

그래서 예수님께서는 마귀를 살인자, 거짓의 아비(요 8:44), 도적, 멸망시키는 자(요 10:10), 이 세상 임금(요 12:31, 14:30)이라고 하였습니다. 바울 사도는 마귀를 이 세상 신(고후 4:4)이라고 했으며 믿지 않는 자들의 마음을 혼미케 하여 그리스도의 영광의 복음의 광채가 비치지 못하게 한다(고후 4:4)고 말하고 있습니다.

지옥에 다녀온 조지 고드킨

사람이 내 안에 거하지 아니하면 가지처럼 밖에 버리워 말라지나니 사람들이 이것을 모아다가 불에 던져 사르느니라. - 요 15장 8절

캐나다의 앨버타주에 사는 조지 고드킨이라는 사람은 중병을 오래 앓다가 다음과 같은 영계 체험을 하게 되었다고 합니다.

"나는 지옥이라 부르는 영계로 인도되었다. 이곳은 예수 그리스도를 거절한 사람들이 들어가는 처벌의 장소였다. 나는 지옥을 봤을 뿐만 아니라 거기 들어갈 사람들이 겪을 고통도 맛보았다.

지옥의 어두움은 얼마나 두껍던지 평당 압력을 잴 수도 있을 것 같았다. 정말 지독하게 껌껌하고 끔찍했으며, 적막하고 묵직한 어둠이었다. 어둠 속에 있는 사람을 짓누르고 의기소침하게 만드는 그런 어두움이었다.

물기라곤 찾아볼 수 없게 하는 열 기운이 그곳에 있었다. 눈알이 어찌나 건조하게 느껴지는지 눈구멍 안에 빨갛게 단 석탄 두 개가 들어 있는 것만 같았다. 입술과 혀가 고열로 바짝 말라붙어 쩍쩍 소리가 나게 갈라졌다.

콧김이 마치 용광로에서 뿜어 나오는 바람처럼 뜨거웠고, 몸 안쪽도 밖에서 들어오는 뜨거운 김으로 고통스럽기 그지없었다.

이 지옥이 영혼에 주는 고통과 고독의 처절함은 정말이지 말로는 제대로 표현할 수 없다. 그저 겪어봐야만 알 수 있을 뿐인 것이다."

죄의 형벌을 받게 하는 곳

스스로 속이지 말라 하나님은 만홀히 여김을 받지 아니하시나니 사람이 무엇으로 심든지 그대로 거두리라. – 갈 6장 7절

D. L. 무디 선생이 한 말입니다. "만일 지옥이 없다면, 많은 시간을 들여 성경을 읽을 필요가 없고, 성경은 다 불태워버려야 한다. 만일 지옥이 없다면 많은 시간과 돈을 들여 예배당을 지을 필요가 없다. 기존 예배당도 오락장소로 바꾸어 써야 한다."

어느 날 한 목사가 지옥에 대한 주제로 설교를 했더니 교육을 많이 받은 한 여자가 항의하기를,
"목사님, 20세기에 무슨 지옥 설교를 합니까? 그런 설교는 듣기 싫습니다."
라고 하였습니다. 목사는 웃으면서 대답했습니다.
"자매님, 사람들이 형무소에 가기 싫어하지만, 나라의 질서와 공의를 지키기 위해서 형무소는 반드시 있는 법입니다."
그렇습니다. 세계 어느 나라에도, 형무소가 없는 나라는 없습니다. 그러면 정부가 국민을 괴롭히기 위해 형무소를 만드는가? 법을 어기고 질서를 파괴하며 악한 죄를 범하는 자들을 벌하기 위해서는 형무소가 있어야 하는 것입니다.
하나님은 사랑의 하나님이실 뿐만 아니라 공의의 하나님도 되시고, 심판의 하나님도 되심을 명심해야 합니다. 악인이 형벌을 받는 지옥은 반드시 있어야 합니다.

지옥의 도살장으로 인도하는 마귀

그 때에 너희가 그 가운데서 행하여 이 세상 풍속을 좇고 공중의 권세 잡은 자를 따랐으니 곧 지금 불순종의 아들들 가운데서 역사하는 영이라.
– 엡 2장 2절

어떤 사람이 어느 날 길거리를 걸어가다가 돼지 떼가 한 사람을 따라가는 광경을 목격했습니다. 그는 큰 호기심이 생겨서 그 뒤를 따라가 보기로 결심하였습니다. 그랬더니 참으로 놀라운 일을 발견하게 되었습니다. 돼지 떼들은 그 사람을 따라서 도살장으로 가는 것이었습니다.

그는 어떻게 이런 일이 있을 수 있는지 의심이 갔습니다. 그래서 그 사람(돼지몰이꾼)에게 다음과 같이 물어보았습니다.

"여보세요. 당신은 어떻게 이 돼지 떼가 여기까지 당신을 따라오도록 유인하지요?"

그 사람은 다음과 같이 말했습니다.

"당신은 못 보았어요? 나는 콩이 담긴 바구니를 가지고 있습니다. 길을 걸으면서 콩을 조금씩 떨어뜨리지요, 그래서 돼지 떼가 나를 따라옵니다."

우리는 여기에 마귀도 이처럼 죄인된 우리 인생들이 좋아하는 콩이 담긴 바구니를 가지고 걸으면서 콩을 떨어뜨린다는 것을 알아야 합니다.

마귀가 그렇게 하는 그의 목적은 바로 그를 따라가는 자들로 하여금 영원한 지옥의 유황 불못(계 21:8)이라는 지옥의 도살장으로 인도하기 위해서입니다.

주님을 거부하고
지옥을 택한 자들

여러 사람들이 그리스도 십자가의 원수로 행하느니라 저희의 마침은 멸망이요 저희의 신은 배요. - 빌 3장 18절하-19절

밥 존스 목사는 천국과 지옥을 체험하였습니다.

밥 존스 목사가 주님께 물었습니다.

"이, 지옥에 끝이 있습니까?"

주님께서 그에게 답해주셨습니다.

"지옥에는 끝이 없다, 이것은 영원한 형벌이다."

"지옥에 있는 모든 사람들에게 미리 경고를 하였지만, 그들은 결국 나를 거부하고 이 지옥을 선택했다."

주님께서 말씀해주셨습니다.

밥 존스 목사는 이 경험을 하기 몇 주 전에 한 남자를 만났는데, 그에게는 다섯 자녀가 있었고 그의 부인은 좋은 그리스도인이었습니다. 그 남자에게 복음을 전했더니 계속해서 목사를 비웃고, 복음을 비웃으면서, "나는 나가서 파티를 열 것이고 다른 여자와 놀 것이다. 마침내 내가 돌아올 때 내 아내는 어리석은 기독교인이 되는 것을 포기하고 나를 기다리고 있을 것이고, 그때부터 평생 내 말에 순종하고 살 것이다."라고 했는데, 그 사람이 한 달 후에 폐병으로 죽어 지옥에 왔더랍니다.

그는 탄식하였습니다.

"아, 나는 지옥이 진짜 있다는 것을 정말 몰랐어. 지옥에 대해서 말한 그 남자를 비웃었는데, 아, 정말 지옥이 정말 있었구나!"

그는 고통 중에서 그 말을 계속해서 반복하였습니다.

임종 시에 지옥을 증거하다

우리 주 예수의 복음을 복종치 않는 자들에게 형벌을 주시리니 이런 자들이 주의 얼굴과 그의 힘의 영광을 떠나 영원한 멸망의 형벌을 받으리로다.
– 살후 1장 8절하–9절

불란서의 유명한 무신론자이며 철학자인 볼테르는 죽음의 순간이 다가오자, 무서워서 벌벌 떨면서 요청하였습니다.

"나는 하나님과 사람에게 버림을 당하였구나. 의사여, 나를 6개월만 더 살게 해 주시오. 그러면 나의 값진 재산의 절반을 주겠소."

이에, 의사가 안타까움으로 그를 보면서, 6주간도 못 산다고 했더니 의사에게 말하였습니다.

"그러면 나는 지옥으로 가는데 당신도 같이 갑시다."

영국에서 무신론자협회의 회장이었던 프란시스 뉴포트는 죽어갈 때 이렇게 말했습니다.

"나에게 하나님이 없다는 말은 필요 없다. 왜냐하면 하나님이 계시기 때문이고 또 나는 하나님의 진노 앞에 있기 때문이다. 또 지옥이 없다는 말은 할 필요가 없다. 이미 내 영혼이 지옥으로 굴러 떨어지고 있음을 느끼고 있기 때문이다."

토마스 스코트(Thomas Scott) 경은 자신의 죽음이 임박하자

"나는 이때까지 하나님도 없고 지옥도 없는 줄 알았는데 지금은 그 둘이 다 있는 것을 안다. 나는 전능자의 공의로운 심판에 의하여 멸망으로 들어가는구나!"라고 탄식하며 죽었습니다.

롤링스 박사가 예수 믿게 된 사연

너희 마음에 그리스도를 주로 삼아 거룩하게 하고 너희 속에 있는 소망에 관한 이유를 묻는 자에게는 대답할 것을 항상 예비하되 온유와 두려움으로 하고. - 벧전 3장 15절

40년 전에 모리스 롤링스 박사의 『죽음의 문 저편』이라는 제목의 책이 출간되었습니다.

심장혈관질환의 전문가인 롤링스 박사는 임상학적으로 죽어있는 많은 사람들을 소생시켰습니다. 철저한 무신론자인 롤링스 박사는 모든 종교는 속임수이고, 죽음은 단지 고통 없는 소멸이라고 생각했습니다.

그러나 1977년에 롤링스 박사의 인생을 변화시키는 극적인 사건이 일어났는데 그는 지옥의 불꽃 속으로 내려가면서 공포에 떨며 소리치는 한 남자를 소생시켰습니다.

"심장박동과 호흡이 다시 시작되었을 때 그 환자는 자신이 지옥에 있다고 하면서 자기를 도와 달라고 나에게 간청했습니다. 나는 깜짝 놀라서 죽을 지경이었습니다.

그때 나는 그의 얼굴에서 진짜로 두려움에 찬 모습을 보았는데 그는 죽음보다도 더 끔찍한 공포에 질린 표정을 지었습니다. 이 환자는 극심한 공포를 나타내는 괴상한 얼굴 표정을 보여주었는데 그의 동공은 점점 커졌고 식은땀을 흘리며 떨고 있었습니다. 그의 머리카락은 쭈뼛하게 선 듯이 보였습니다."

이 사실을 체험하고 난 롤링스 박사는 참으로 신실한 그리스도인이 되었습니다.

한 사람이라도 지옥에 가지 않기를

오직 너희를 대하여 오래 참으사 아무도 멸망치 않고 다 회개하기에 이르기를 원하시느니라. – 벧후 3장 9절하

하나님은 사탄 마귀를 제 인생의 주인과 왕으로 삼아 인생을 자기 마음대로 죄악 된 육신의 정욕대로 살아가는 사람들을 위하여 지옥을 예비(마 25:41)하셨습니다.

하나님은 지옥을 이처럼 마련하고 계획하셨지만, 한 가지 우리가 분명히 또 기억해야 할 것은 하나님만큼 사람들을 지옥에 가지 못하도록 막으시는 분이 또한 없다고 하는 것(딤전 2:4)입니다. 그래서 하나님은 지옥으로 가는 인생들에게 세상에 수많은 선지자들을 보내셨습니다.

그래도 돌이키지 않자 그의 아들 예수님을 세상에 보내 지옥으로 달려가는 사람들의 발걸음을 돌려놓기 위하여 십자가에 못 박혀 죽게 하셨습니다.

십자가의 고통은 지옥의 고통입니다. 예수님의 십자가의 죽음은 내가 지옥에 가면 당할 고통입니다.

하나님은 예수님의 십자가를 이처럼 지옥으로 가는 길목에 세우시고 죄인된 인생들이 지옥으로 가지 못하도록 막으십니다.

성경에 보면 지옥에 떨어지는 사람들의 고통은 이루 다 말로 설명할 수 없습니다. 그 가운데서 마태복음 13장 49-50절의 말씀에, "… 천사들이 와서 의인 중에서 악인을 갈라내어 풀무 불에 던져넣으리니 거기서 울며 이를 갊이 있으리라."고 하셨습니다.

하나님의 자녀와 마귀의 자녀들

이러므로 하나님의 자녀들과 마귀의 자녀들이 나타나나니 무릇 의를 행치 아니하는 자나 또는 그 형제를 사랑치 아니하는 자는 하나님께 속하지 아니하니라. – 요일 3장 10절

어떤 목사로부터 지옥에 관한 설교를 듣고 있던 한 부인이, 목사에게 자녀가 있느냐고 물었습니다. 목사가 있다고 대답하자, 그 부인은 이렇게 물었습니다.

"자녀가 고통 가운데 빠져 있어도 구해주지 않는 아버지가 있다면 그 아버지를 어떻게 생각할까요?"

"그야 물론 그런 아버지는 폭군이나 무자비한 사람이라고 할 수가 있겠지요."

그러한 목사님의 대답에, 부인은 다시 물으면서 목사를 비판했습니다.

"목사님께서는 지금 하나님을 그런 하나님으로 취급하고 있습니다. 하나님은 그런 권능을 가지시고 그 자녀들을 구원치 않고 지옥에 떨어뜨린다면 폭군일 수밖에 없지 않습니까?"

이때 목사는 그녀의 감정을 누그러뜨리듯이 천천히 대답했습니다.

"하지만 부인, 부인께서는 한 가지 오해하고 있는 것이 있습니다. 하나님은 지옥에는 자녀들을 한 사람도 가지고 있지 않습니다. 지옥에 있는 자녀들은 모두 마귀의 자녀들뿐입니다. 하나님의 자녀들은 천국에 있거나 천국으로 가고 있는 사람들뿐입니다. 하나님께서는 그 자녀들을 위한 집을 따로 가지고 있고, 마귀는 그 자녀들의 집을 따로 가지고 있는 것입니다."

영원한 지옥의 불바다로

이 사람들은 무엇이든지 그 알지 못하는 것을 훼방하는도다 또 저희는 이성 없는 짐승같이 본능으로 아는 그것으로 멸망하느니라. - 유 1장 10절

세계적인 다이빙 선수가 간만의 차가 매우 심한 어느 해변가에서 묘기를 부리고 있다가 아주 높은 곳에서 멋진 폼으로 뛰어내렸습니다. 중간쯤 떨어지다 보니 바닷물이 쭉 빠져나가면서 해저의 거친 바위만이 보일 뿐이어서 그는 중간에서 재빨리 몸을 조종하여 다시 다이빙 대 위로 올라갔답니다. 물론 이런 일은 있을 수 없는 행동입니다.

그런데 많은 사람들은 마치 이런 일이 있을 수 있는 것처럼 믿고 살고 있습니다. 그래서
"지옥이 어디 있어. 죽으면 그만이지."
라고 하며 인생의 가파른 디딤대 위에서 영원한 지옥의 불바다를 향해서 그냥 거침없이 뛰어내립니다.

다이빙 선수가 바위가 그 밑에 있는 줄을 모르고 뛰어내렸듯이 우리 모든 인생들은 결국 모두 인생의 다이빙 대 위에서 언젠가는 인생의 다이빙 대 위에서 떨어지고야 맙니다.

그런데 문제는 한번 뛰어내리면(죽으면) 다시 되돌아 올라갈 수 없는 법입니다. 그때 만약 그들을 기다리는 것이 날카로운 바윗덩어리와 같은 지옥의 불속이라면 그들은 그 가운데서 영원히 지옥에 간 부자와 같이 멸망을 당하게 되는 것입니다.

지옥은 영원한 곳입니다

그 고난의 연기가 세세토록 올라가리로다 짐승과 그의 우상에게 경배하고
그 이름의 표를 받는 자는 누구든지 밤낮 쉼을 얻지 못하리라 하더라.
- 계 14장 11절

　성경에 보면 신약성경에서는 지옥을 162군데에서나 언급하고 있으며 이중 70군데는 예수님이 직접 말씀하셨습니다. 그런데 지옥을 말씀하실 때면 늘 경고가 뒤따랐습니다. 그 까닭은 그곳은 사람이 가서는 안 될 곳이기 때문입니다. 그런데 또한 성경은 "불과 유황으로 다는 못"(계 21:8)인 이러한 지옥이 "영원하다는 것"(마 25:41)입니다. 그래서 그로 인한 고통이 또한 끝이 없이 영원합니다.

　존 웨슬리 목사는 "네 손가락을 잠시 동안만 불에 대고 있어 보라 그런 고통은 없을 것이다. 그런데 온몸이 불에 들어가 영원히 있을 것을 생각해 보라."라고 했으며, "또 육과 영의 모든 괴로움은 중단이 없다. 그들의 고통의 연기가 밤낮으로 피어오른다. 그들의 고난이 극에 달하고 그 고통이 극심하다 할지라도, 단 한순간도 감소될 가능성은 없다."라고 하였습니다.
　그렇습니다. 지옥은 이처럼 영원한 불의 상태가 영원토록 끝없이 계속되는 곳입니다. 참새 한 마리가 그 작은 입으로 태평양 물을 물어다 옮겨서 바닥이 난다고 해도, 영원에 비하면 시작에 지나지 않는 것입니다.

마귀에게 잡힌 자들이 가는 곳

거기는 그 짐승과 거짓 선지자도 있어 세세토록 밤낮 괴로움을 받으리라.
- 계 20장 10절

　오늘, 이 땅에 살아가는 모든 인생들은 창세기 3장의 선악과 사건으로 말미암아 하나님의 아들이신 예수님을 그들의 인생의 주인과 왕이 되게 하든지 아니면 그들을 선악과 사건으로 범죄케 했던 마귀를 그들의 인생의 주님과 왕으로 모시면서 살게 되었습니다.
　그래서 사도 바울은 에베소서 2장 1-2절에서 "너희의 허물과 죄로 죽었던 너희를 살리셨노나 그때에 너희가 그 가운데서 행하여 이 세상 풍속을 좇고 공중의 권세 잡은 자를 따랐으니 곧 지금 불순종의 아들들 가운데서 역사하는 영이라"고 하여 그리스도 예수 밖에서 예수님을 자신의 인생의 주인과 왕으로 모시지 못한 자들은 "공중의 권세 잡은 자인 마귀가 그들 인생의 주인과 왕"(엡 2:2)이라고 하였습니다.
　그 결과 이 세상 풍속을 좇고 공중의 권세 잡은 자인 마귀를 따르면서 살다가 언제라도 죽으면 그 인생을 사로잡고 그 인생의 주인과 왕 노릇을 하던 마귀와 같이 영원한 지옥의 불구덩이에 들어가게 됩니다.
　하나님께서는 아담의 범죄로 말미암아 이처럼 마귀에게 사로잡혀서 지옥갈 수 밖에 없는 우리 인생들을 구원해주시기 위해서 하늘 보좌의 영광을 버리시고 이 땅에 인자의 모습으로 오셨던 것입니다.

불과 유황으로 타는 못에

살인자들과 행음자들과 술객들과 우상 숭배자들과 모든 거짓말하는 자들은 불과 유황으로 타는 못에 참여하리니 이것이 둘째 사망이라.
- 계 21장 8절하

최근에 미얀마(버마)에서 파울루라고 하는 한 독실한 불교 승려가 죽었다가, 삼일만에 화장하기 직전에 살아나서 그동안 천국과 지옥을 보고 온 사실을 간증하면서 전도하다가 감옥에 갇힌 사실이 있습니다.

그가 3일 동안 죽은 상태에 있는 동안 천국과 지옥을 보았는데 지옥에 가까이 가서 보게 되었습니다.

지옥의 사자가 지옥을 보라고 해서 들여다보니까 그 나라에서 가장 존경받던 사얀 다우 승려가 있는데 얼마 전에 교통사고로 죽었는데 그 훌륭한 분이 왜 이 끔찍한 지옥 불에 들어왔느냐고 물으니까,

"그는 좋은 선생이었지만, 예수님을 믿지 않았기 때문에 지옥에 왔다."고 지옥의 사자가 대답해주었습니다.

또 한 곳에 보니까 긴 머리칼이 덮인 분이 머리를 왼손으로 감싸 쥐고 번민하고 고통당하는 것을 보고 누구냐고 묻자,

"네가 숭배하던 가우타마(부처)다."

라고 하더랍니다.

부처님은 훌륭한 윤리와 도덕의 사람인데 왜 지옥에서 고통을 받느냐고 했더니, 지옥의 사자가 이렇게 대답했습니다.

"얼마나 착한가 하는 것이 문제가 아니다. 그는 영원하신 하나님을 믿지 않았기 때문에 지옥에 온 것이다."

지옥의 껄도리가 되지 맙시다

가라사대 내가 은혜 베풀 때에 너를 듣고 구원의 날에 너를 도왔다 하셨으니 보라 지금은 은혜받을 만한 때요 보라 지금은 구원의 날이로다.
-고후 6장 2절

어떤 사람이 지옥에 갔더니 지옥이 '껄' 소리로 가득 차 있더라고 합니다. 곧 지옥에는 여기를 가도 껄, 저기를 가도 껄, 위에서도 껄, 밑에서도 껄, 그래서 지옥은 온 사방에서 껄, 껄, 껄하는 소리가 가득차다고 합니다. 그런데 이것은 웃는 소리가 아닙니다. 이는 후회와 탄식의 소리입니다.

"아, 이런 줄 알았더라믄 예수 믿을 껄!", "이럴 줄 알았더라면 교회 가자고 할 때 따라 갔을 껄!"이라고 하는 후회하는 소리라고 하는 것입니다.

예수님보다도 재물을 더 사랑하여 예수님을 따라가서 구원을 받을 수 있는 기회를 놓친 부자 청년도 영원한 지옥의 불구덩이에서 이 사실을 생각할 때마다 얼마나 후회가 되겠습니까?

과거에, 박정희 대통령 때 목사들이 조찬기도회 때마다 박 대통령에게 전도했습니다. "각하, 어릴 때 주일학교 나가셨다는 얘기를 들었는데, 이제 다시 예수 믿고 교회에 나가시지요."

그러면 그때마다 박 대통령은 이렇게 대답했다고 합니다.

"그렇지 않아도 나중에 대통령에서 물러나면 교회 나가려고 마음먹고 있습니다." 그런데 그는 얼마 후에 부하의 총에 맞아 회개할 틈도 없이 죽었습니다.